极简流程管理

流程管理越简单越好

蒋宏光◎著

Minimalist Process Management

The Simpler the Process Management the Better

中国纺织出版社有限公司

内 容 提 要

流程不可缺，流程的简单化亦不可缺，给流程“瘦身”是防止流程乱用、滥用、盲目用的最好方法，本书认为流程简化应在充分理解简化重要性的基础上从八个方面切入：目标、职责、服务、节点、成本、检查、考核、优化，并辅助以实用性工具，就是完整的流程简化模板，流程极简是为了最终建成简捷与高效并存的高质量流程系统而必须进行的变革性策略，企业制定并保证流程执行力度要从根本上对流程进行专业性、科学性、标准性的简化，同时保障流程执行中的覆盖面和高效性有效实现企业的高质量发展。

图书在版编目（CIP）数据

极简流程管理：流程管理越简单越好 / 蒋宏光著. -- 北京：中国纺织出版社有限公司，2021. 2

ISBN 978-7-5180-8341-1

Ⅰ. ①极… Ⅱ. ①蒋… Ⅲ. ①企业管理—业务流程 Ⅳ. ① F272

中国版本图书馆 CIP 数据核字（2021）第 014264 号

策划编辑：史 岩　　特约编辑：于 丹　　责任编辑：段子君

责任校对：王蕙莹　　责任印制：储志伟

中国纺织出版社有限公司出版发行

地址：北京市朝阳区百子湾东里A407号楼　邮政编码：100124

销售电话：010—67004422　传真：010—87155801

http://www.c-textilep.com

中国纺织出版社天猫旗舰店

官方微博 http://weibo.com/2119887771

三河市延风印装有限公司印刷　各地新华书店经销

2021年2月第1版第1次印刷

开本：710×1000　1/16　印张：14

字数：160千字　定价：48.00元

前 言

改变糟糕流程的赢家

通过对流程的观察理解可以发现，看似完整的流程步骤和流程图并未让人们真正轻松下来，一些不该浪费的时间和精力被无端消耗，执行者们逐渐对流程感到沮丧。其实，感到沮丧的是流程的所有参与者，当消费者正在现场排队或电话排队等待回复时，服务提供者正努力解释问题所在并对造成的拖延不停解释。其间双方都受困于糟糕的流程中，虽然消费者与服务者在共同解决问题时会产生满意感，这也是为什么服务者会在服务之后希望得到消费者认可的原因，但服务者却经常忽视一点——在消费者被服务的时候往往是他们最不舒服的时候。因为在糟糕的流程中处理问题，等于在为本不该出现的问题浪费时间和精力，以至于付出额外费用，更让人感到沮丧的是，还要因此承受很多心理压力。

这不应是高价值流程所呈现的。对于流程的定义，最权威的《牛津字典》这样定义：流程是一个或一系列连续有规律的行动，这些行动以确定的方式发生或执行，导致特定结果的实现。

在实际的企业运营管理中，流程可以概括为管理行动的逻辑线路，包括做事的顺序、内容、方法和标准。流程是多个人员、多个集体、多个活动的有序组合，是企业价值的体现形式之一。

流程是人类历史特别是工业史上的一大创举。对企业而言，流程是必不可少的。有人将流程称作“治疗企业疾病的万能药”，当企业“生病”了，只要修改流程或者重置流程，企业的病情就能极大缓解，甚至痊愈。

将流程比作“万能药”略显夸张，却足以说明流程对企业的重要性。如果企业是真实的生命体，流程就像血管，毛细血管堵塞了，身体就会不舒服，大动脉堵塞了，生命就将受到威胁。所以在企业生病时，很多管理者首先想到的都是改进流程。

要如何改进流程呢？流程最常见的问题出在哪些方面呢？

流程是让工作按照一定方向有规律、有节奏地进行，以提高工作效率，保证工作正确率。当流程的方向出现错误时，节奏就会被打乱，执行过程将陷入混乱。引发流程失序的原因通常是流程的管理、检查、考核、优化等环节出现问题。如果进一步追根溯源，则是因为流程从最初设计到中间执行再到后续优化等环节不够简明，步步递增的复杂系数最终拖垮了整个流程。

因此，企业仅仅制订出流程，并保证流程执行力度是远远不够的，还要从根本上对流程进行专业性、科学性、标准性的简化，同时保障流程执行中的覆盖面和高效性。

通过对管理学界的研究成果与世界大型企业的经验积累的不断总结归纳，本书认为流程简化应在充分理解简化重要性的基础上从八个方面切入：目标、职责、服务、节点、成本、检查、考核、优化，并辅助以实用性工具，就是完整的流程简化模板。

流程不可缺，流程的简单化亦不可缺，给流程“瘦身”是防止流程乱用、滥用、盲目用的最好方法，因此应该在遵守法律、尊重行业规则、符合道德准则、不损害组织和个人利益的前提下，力求流程最简单，即使达不到最简单，也应趋向更简单。

流程极简是为了最终建成简捷与高效并存的高质量流程系统而进行的必要行为。

蒋宏光

2020 年 12 月

目 录
Contents

第三章 ◆>> 职责合理：重置岗位责权利

第四章 ◆>> 服务管理：从被动服务到精益服务

第五章 ◆>> 节点科学：减少重复作业次数

第六章 迫降成本：剔除非增值活动

第七章 过程检查：确保流程质量

第八章 精度考核：流程落地的标准保障

第九章 持续优化：形成标准化工作流程

第十章 ◆≫ 工具赋能：搭建流程优化捷径

第一章 深度分析：为什么要强干预流程简化

流程产生的根本原因是要将工作简单化，只有简单的流程才能让执行者在简单中实现高效。但在实际操作中，随着企业的发展，涉及业务面的增大，领域的逐渐扩展，流程呈现趋复杂的状态，若不及时干预，难免出现人人忙于流程完整而忽略工作本身的不合理现象。

流程简化有助于快速复制组织能力

在很长一个时期里，人们认为组织能力建立在个体能力的基础上。这种认知是正确的，但也不能绝对。个体能力强的组织，综合能力一定强，但依赖个体而存在的组织，势必会失去自生存和自发展的能力。这样的组织能力值呈现极端状态，被依赖的能力型个体存在时，组织的能力值居高，甚至趋近满分；若被依赖的能力型个体不存在了，组织的能力值极低，甚至为零。

让组织能力脱离对个体能力的依赖是极具意义的，真正有力量的组织应是“铁打营盘流水兵”的状态，“兵”可以换N茬，但不影响组织的战斗能力。这样的组织一定具有极高效的管理模式，任何人来到组织内只需适应组织内部的相关规定和行动流程，明确自己的定位职责，按照组织自有的流程要求做好自己的工作，如同一枚规格正好的零件严丝合缝地嵌入企业机器内，保证企业高效运转。

但在现实中，很多企业管理者只认识到个体能力的重要性，而没有认识到组织能力的重要性，导致对事件的重视胜过对流程管理的重视。其实，流程的运营能力体现了管理水平，流程是组织能力的存在形式，也是组织传递能力的载体，企业管理者的一项重要工作是找到正确有效的方法，然后迅速传递下去。

优质的流程不仅能让企业在发展之路上脚步越发轻松，还能快速将高效能组织能力进行复制。本书的核心是流程的简化，因为足够简化的流程才具有复制能力，复杂的东西即便再好也不易被借取。如果以简化的角度观察流程，流程就具有了层级性，有些流程是高层级的，有些流程是低层级的，有些流程是不入流的。

高层级流程不以企业规模大小而定，小企业的流程也会很复杂，大企业的流程也能很高效。高层级流程一定是简捷高效的，具有极强的复制效应。多年前，国内某知名汽车企业收购了一些汽车制造企业，新建了一批厂房。为了能让新业务单元快速融入该企业成熟的体系中，该企业对已经成型的集团管理标准体系进行优化，以达到最简捷，然后通过贯标和管理审计的方式实现成熟体系对新业务单元的快速能力复制。这就是流程简化的价值。

低层级流程是相对高层级流程而言，流程的成熟度很高，但未能做到最简捷，虽然也具有一定复制能力，但复制过程相对更久，复制效果无法达到最佳。国内某知名家电企业具有很不错的收购企业整合能力，原因在于收购后几个月内会要求被收购企业快速完成组织格式化，以便部署集团统一的信息系统，但集团整体有几百个体现集团经营理念和要求的流程，快速落地不现实，只能逐步完成，复制进度较慢，但通过流程基本可以实现组织能力复制和企业文化融合。不够简化的流程，虽然成熟，但实际运用仍无法达到最佳效果。

无论是高层级流程还是低层级流程，都是成熟的流程体系，其背后也一定有着成熟的管理模式。如果是不入流流程，不仅不具有输出能力，其自身执行也将越发混乱。某企业前几年收购了一家企业，被收购方当时看好收购方有更大的平台，但收购之后却并不成功，两家企业都陷入困境。该企业负责人说："我们的管理水平一般，哪里还有能力输出，这次收购根本没能实现当初预想的双赢局面，现在却要面临双输了。"

流程就像组织能力的收纳箱，没有持续的积累与优化，想要对外输出是不可能的。保障组织能力的根本是建设组织的整体运作机制，也就是在组织层面形成易理解、易操作、易转化、易改变的优质流程，每名执行者只需嵌入其中，就自然成为流程中的一员。这样的流程才是易吸收、易消化的，对外输出无障碍。

流程是"写真"还是"写实"

写真是中国肖像画的传统名称。描画人物要形神与本人越接近越好，力求表现人物的真实面貌，所以叫作写真。随着时代的发展，写真的概念逐渐扩展到人物摄影领域，但最初仍与肖像定义相同，要求照片达到"真实"境界，因为照相几乎可以完美表现人物，因此摄影的写真最为真实。在商业摄影逐渐流行之后，照片的实际内容趋向"写假"，从最开始的追求靓丽的空洞无内涵的艺术照，到为了达到表面上的"完美无瑕"而无限制修图，写真之名仍在，却越发无"真"意了。

与写真逐渐失真不同，写实却始终如实。据事直书、如实描绘事物或照物体进行写实描绘，并做到与对象基本相符的境界，就是写实。

之所以提出写真与写实，是要区分企业在流程管理方面达到这两种状态的差异。追求写真的流程在方案设计阶段会趋向表象上的“完美”，以显得专业为目的去制造专业，但在执行过程中会因为设计得过于“完美”反而不能做到。以写实为目的的流程，在设计阶段往往不够专业，但非常符合实际，给企业的竞争以极大帮助。

但因为写实的流程看起来不够漂亮，很多环节甚至略显粗糙，因此一些企业管理者要求流程设计要力争完整，即使现在做不到，慢慢就做到了。他们认为只有完整的流程才有高价值，而且流程的每一步都要到位。

有甲乙两家生产通用空调的企业，空调主要用于建设和装修。乙企业率先开展定制机业务，甲企业半年后才进入。乙企业在人员配置、设备能力、设计水平等方面领先甲企业的情况下，却被甲企业后来居上，无论定制机数量还是利润率，逐渐被甲企业赶超压制。问题究竟出在哪里？导致乙企业高开低走的原因是什么？后来经过深入挖掘，发现问题出在合同评审流程的设计上，甲企业在这方面的效率远远高于乙企业，终将纸面数据转化为实际差距（见图 1-1、图 1-2）。

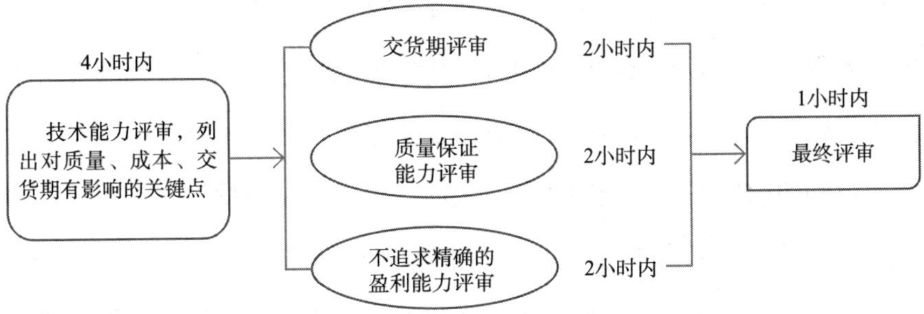

图1-1　甲企业合同评审流程

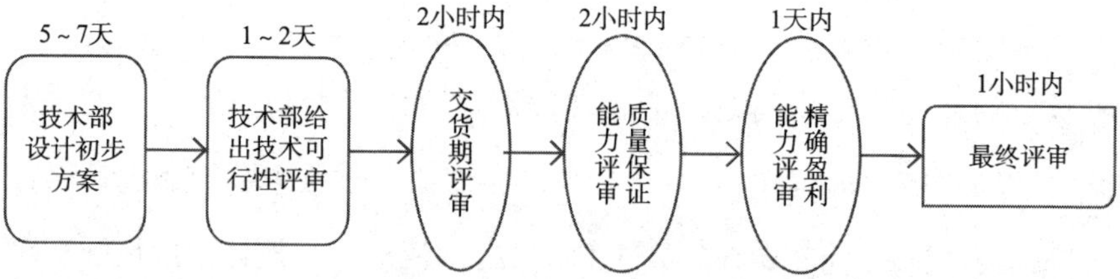

图1–2　乙企业合同评审流程

通过图 1-1、图 1-2 的对比，可以总结出甲乙两家企业在合同评审流程上的三点显著差异：

（1）设计方案花费的时间不同，直接导致该步骤的实际操作不同。乙企业会花费近一周时间完成方案设计，然后才启动交货期、质量保证能力和盈利能力的评审。看起来乙企业会在这段时间内设计出很完美的方案，但很多时候方案并不需要多么完美，只要弄清楚技术是否可行，以及找出影响质量、成本等关键点就可以实施，在节约下的时间内解决执行中遇到的具体问题。甲企业就是采用这种模式，几个小时内就完成了方案的设计工作。

（2）计算方式不同。乙企业进行盈利能力评审需依据技术方案、可行性评审、交货期、质量保证能力对原材料、人工、制造费等进行精确计算，才能得出产品的利润。这也是一个看起来很漂亮、实际操作没有为企业创造更多价值的流程设计。对于定制服务而言，核算的目的往往表现在为接单提供决策支持，并不需要过于详细的计算。甲企业便在确保盈利的前提下，做到财务核算极简，只进行粗略估算。

（3）流程运行路径不同。乙企业的流程是线性的，执行完上一步才可以进行下一步，如此环环相扣的流程看似很工整，其实非常浪费时间。甲企业的流程是并行的，将一些可以同时进行的流程在同一时间段内完成，节约了大量时间。这样的差异来自两家企业对流程设计不一样的理解，甲企业是“写实派”，流程越简单越实际越好；乙企业是“写真派”，给流程加入很多装饰，看起来专业完美。

甲企业之所以会做出相对“粗糙”却实用的流程，原因就在于更重视流程与企业当下情况的契合度。作为追赶者，时间效率和完成效率就是一切，甲企业以高于乙企业数倍的响应速度实现“超车”。如果乙企业仍不改进该流程设计，在不久的将来恐怕连甲企业的尾灯都看不到了。

之所以会出现“写真”流程，通常是没有明确企业的经营模式或某方面的经营策略，而盲目追求流程完整性所致。陷入“写真”怪圈的企业必须尽快走出来，梳理出流程主干，将不必要的流程支脉剪除，再相应融入更具意义的子流程，重新建立一套对业务实施和企业发展更有效的“写实”流程。

流程中的“冰山现象”

“冰山现象”起始于“冰山理论”，是美国家庭治疗专家维琴尼亚·萨提亚的重要理论，是一个隐喻，指一个人的“自我”就像一座冰山，能看到的只是表面很少的一部分——行为，更多部分的内在世界不为人所见，由浅入深逐渐是：应对方式、感受、观点、期待、渴望、自我，越深入冰山底层，隐藏得越深。

随着“冰山理论”被更多领域引用，形成了多种多样的“冰山现象”或“冰山效应”，指在常规情况下人们只能了解事物的表层现象，却难以看到事情的深层本质。

企业管理同样存在“冰山现象”，这是无法避免的，终究有一部分是看得见的管理无法触及的，比如企业目标、使命和价值观，需要逐步完善个体的内心世界并构建个体对企业的责任心与信任度才有机会实现。

企业管理是较为宏大的命题，由多个分支命题构成，流程就是其中极为重要的主分支。流程也同样存在“冰山现象”，但与其他管理中存在的难以发现事物背后的本质不同，流程的“冰山现象”通常体现为对问题认识不清所致的流程不足。

禹洋建筑公司的业务域流程清单非常简练，就是几个业务部门内部的办公自动化（OA）审批流。当问及为什么只有这几个简单流程时，该企业负责人说：“流程不是要简单化和自动化吗？我们就是这样做的，尽量优化，留下必须有的步骤。”当问及如此简单的流程有没有提升企业的业务效率时，该负责人说“没有”，但他也不知道问题出在哪里。问题出在他们的流程是先天不足，一味追求骨感，却忽视了流程也要有必要的丰满，才是最有力量的。

刻意追求简单的流程，为了简单而简单的流程，等于将必要的工作也抛弃了，这样的流程只能给企业带去混乱和麻烦。在网络时代到来后，很多人更是将 OA 系统流程当作常规流程，这是错误的认识。OA 上的流程更多是一些审批流，只是整体流程的一部分。一个优质流程绝对不能仅靠线上就可以完全支撑，线下更切实的部分更应该得到关注。

流程冰山线上的另一个表现是对流程节点进行简单说明，比如某活动中的某个节点很简单地描述为“A 审批”，下一个节点则描述为“C 与 D 审批”，再下一个节点被描述为“D 上报，E 审批”，认为只要说清楚各部门各岗位之间的逻辑关系就是制定好流程了。因此，很多流程文件写得非常简单，即便执行过程非常严格，却依然没能取得好的效果。因为这种目录式的流程只写出了流程的动作，却忽视了流程的价值，比如审批什么、怎样上报、质量管控点如何规定、流程整体标准和具体步骤标准是什么、表单如何设计确保流程执行力等。

制定与执行流程不是简单的执行步骤，而是要通过执行流程的过程提升个体工作价值并由此提升企业价值。流程“冰山现象”是否消除关系到企业业务管理水平、精细化管理水平与信息化水平的高低。

一放就乱，一管就死

放，是因为企业发展的硬需要。

管，是因为企业稳定的实基础。

两者都是必需的，两者要和谐共处。出现问题时因为没有协调好，两者之间出现偏重，一方受重视，一方被轻视，甚至一方被彻底忽视。但两者总是难以协调，于是很多企业管理者发出“一放就乱，一管就死”的感慨。

为什么放和管之间难以协调？主要源于管理者对执行者的能力不

信任。因此，太多企业内部会有管理者与执行者在是否该授权的事情上相争，管理者认为执行者能力不足，放权就会乱；执行者认为管理者贪权，将自己管得太死。

很多管理者将这种情况的出现归咎于下属能力问题，认为没有可以信任的下属能替自己分担。但放权的主动性在管理者手中，如果管理者始终抱着不信任的心态就会形成恶性循环，管理者越不放权，下属能力越低；下属能力越低，管理者越不敢放权，导致企业运营效率越来越差，组织能力越来越低，企业活力越来越僵。这样的企业会逐渐趋向同一种共性，即制度成熟度低，很多业务管理缺乏清晰的标准和规则。

管理者必须明白，导致不信任下属的根源不在于下属能力的实际情况，而在于能否有一套好的机制激发或提升下属能力，并让能力得到持续性保证。

这里反复强调的信任的本意并非要求管理者必须信任下属，而是要信任能让下属发挥能力甚至提高能力的机制，这种机制就是流程。流程能够深刻影响企业中的每一个人的行为，进而影响企业的发展轨迹。

那么，是不是在企业管理者意识到流程的重要性，并设计出流程，也能够坚持执行，就说明该管理者在放与管方面已经做到和谐了呢？

当企业将一项并不复杂的职能分为三个部门执行，认为既执行了流程又可以相互监督和制约，能够有效降低风险。实际上却恰恰暴露了企业管理者对流程缺乏认知和管理能力不到位。流程的出现是为了简化工作，如果每一项流程都要附加监督工作，不仅没能让工作简单，反而提高了工作复杂度。在企业经营管理中，风险一定要防范，但不能因此作茧自缚，处处施以不必要的监控。

流程是企业文化是否兼容的体现，流程也是企业制度是否高效的体现。企业应该树立放权文化，放权对于提高企业的市场反应速度和组织能力提升非常必要；企业应不断细化业务流程管理标准和规则，根据规则放权，根据标准控权，下属执行也能够有根有据，业务管理上就有了可积累和可复制的能力。

北京某公司组织员工参加外派流程公开课，要求参加的员工提供多项培训证明材料，并要逐级盖章，以便成为员工日后报销的凭据。在报销流程中，企业要求员工提供五项单据：培训许可证明人签字、交通费费用清单（提供路程表和发票）、饮食费用清单（早饭、午饭必须分开）、发生培训费用时的照片（留证）、向培训机构开培训证明并盖章，而且每张单据都要写明时间、地点、人物和事件。一番折腾后，成功报销的员工纷纷抱怨："再也不参加外训了，报销坑死人了！"放弃报销的员工对企业更是满心不屑。为了防止员工接受培训后离职，企业要求所有参加培训的员工必须签订工作协议，保证多长时间内不能离职，否则将扣除一定数量的薪水抵扣培训费用。

让员工接受培训本身是一件好事，员工的能力提升对企业发展极为有利，但该企业的做法却将这件事的效果完全反转了。最终收获的结果是，企业付出了金钱，员工付出了时间，双方都付出了精力，结果换来企业与员工间的双向不信任。

后来该企业痛定思痛，决心在费用管控方面以基于规则和员工信用评价进行流程简化。新的职业经理人在三个月内和各部门快速简化了各项决策程序，企业内部明显感受到效率提升和文化改变。

管理的改进对象应锁定流程。要想改变绩效，不要直接改变结果，而要改变流程和文化系统，在组织中形成基于流程的文化、语言和习惯。

流程解放管理者，简化流程解放所有人

狭义的企业构成包括管理者和员工，广义的企业构成包括管理者、员工、客户和上下游。企业发展壮大，管理者越来越多，员工越来越多，客户越来越多，上下游越来越多，随之而来的事情也越来越多。那么企业应如何管理呢？是招聘和提拔更多的管理者来管理员工、对接客户和整合上下游吗？这样做绝非好办法，但多数企业却在采用这样的方法，因为长久传下来的“人治”更容易理解和操作，而效率更高、公平性更强的“法治”并不容易实现，虽然“法治”优于“人治”已经被越来越多的企业管理者接受，但具体操作仍有很多困难。

“法治”下的企业环境，人际关系更简单、轻松，更讲究就事论事，员工更容易将精力放在业务目标上。

“人治”下的企业环境，官僚风气严重，推诿扯皮现象无处不在，钩心斗角、自立山头的现象很普遍，员工的精力多主动或被动地用在内部恶意竞争而非外部事业拓展上。

“人治”的企业有诸多弊病，但仍然有很多企业陷入其中，根源在于管理者的管理理念不够开放，更不愿意吸纳创新，不够重视科学管理，甚至常以“流程会制约灵活和创新”为理由不进行流程建设或改进。

“法治”的最终目的是在企业合理规则之下设计出符合实际情况的流程，并坚决执行该流程，在必要之时优化该流程。

从前有座山，山里有座庙，庙里有1、2、3……共7个和尚。和尚们的每顿饭是一锅粥，每人自己盛，为了能多吃，大家总会打起来。和尚们推选出其中最具道德的人担任分粥大任，起初还算公平，但渐渐地其他和尚为了多分粥就私下讨好分粥人，搞得人人私欲熏天。和尚们又成立了“分粥委员会”，每次分粥前都要争论好久，谁该多分，谁该少分，结果大家顿顿吃凉粥。单独分不行，讨论分不行，那就轮流分，每周七天由七个人分别担任分粥人，结果大家只能在自己分粥那天吃饱。怎么办？一直在寻找适合方法的和尚们终于找到了一个相对公平的办法，仍然是轮流分粥，其他人只能坐等，但分粥人必须拿众人挑剩下的最后一碗，于是为了不让自己吃的最少，分粥人会尽可能地把粥分得均等。这样大家没有怨言，分粥人也会尽心尽职。

和尚分粥的过程与企业发展非常相似，随着企业的壮大，实现公平合理是管理能力的体现，只需规则标准划定就能实现公平合理更是极高的管理艺术，不仅能让事情变得简单，还能极大解放管理者。

那些未形成有效流程的企业，等于陷入了传统的领导分层管理中，通常有四大弊端：一是责任不明确，谁都可以参与进来，但谁也不用为错误负责，只追求上级满意，缺乏顾客服务意识。二是分工过细，层级过多，机构臃肿，形成金字塔。管理学家劳伦斯·彼得曾根据所研究的不能胜任实例总结得出，“在一个等级制度中，每个职工趋向于上升到他所不能胜任的地位”。三是员工技能单一，适应性差，创新能力趋近于零。四是资源闲置和重复劳动，症结是内部信息纵向和横向沟通不够。

用流程让一切工作变得更简单，管理则是合理调配一切资源（包括人力、物力、财力等）共同完成某项任务的过程。在实施流程管理后，可以给企业带来显著改变：职能的统一与集中，重复职能的合并与撤销，各级职能的明确，部分职能的社会化。

实施流程化管理，企业可以把常规的、重复的、固定的职能进行职责固化，管理者将因此有更多时间做最企业价值更大的经营发展方面。

实施流程化管理可以解放管理者，但企业的组成中不仅管理者非常重要，员工、客户和上下游同样重要，他们都是企业发展不可或缺的部分，如果能让这些部分在流程执行中获得解放，这样的流程才真正具有高价值。

因此，必须对流程进行正确的、合理的、符合实际需要的简化。对流程的目标、职责、节点、成本等进行精简，最终达到个人能力在流程中的最大化展现，个人能力向组织能力的转化。

第二章 明确目标：保证流程走向

流程必须是为了某个目的，必须是为了实现某个目的的更简便、更快捷、更低成本的逻辑性活动。为了保证目的的最终实现，必须确定流程目标，且对目标进行管理，搭建流程路径，绘制实用流程图，保证流程走向的正确性。

源于现实，却不高于现实

流程设计一定要结合现实情况，现实所反映的就是客户的需求。客户是上帝，能否更快更好地解决客户需求是决定流程优质与否的关键因素之一。一个真正优质的流程，能够最大限度地匹配现实，并非高于现实。匹配现实是流程具有明确目标的体现，说明流程与现实情况高度融合，以明确的走向实现每一个步骤。高于现实则是流程脱离实际目标，也即脱离客户实际需要，以不切实际的方式走入迷茫。当流程的目标不清晰、不实际时，流程的最终结局只能是失败。

宁波一家创业公司在设计产品售后流程时，决定按照大企业的标准，既让客户感受到被尊重，也让客户对企业实力有更进一步的认识。但在实际操作时，客户感受到的不是被尊重，而是很麻烦，用某位客户的话说是“步步都是坎坷路”。原因就是流程分支多，各分支间没有横向关联，客户为解决几件小事都要反复走无用的流程。

这就是典型的流程设计高于现实，不正确理解大企业的流程标准。其实，大企业在设计流程时往往很注重简单化，为了给客户最大的方便，流程中会尽量缩减节点，只要最快速解决客户问题即可。

这就引出了流程基于现实设计的第一个原则——简单化。

将复杂的事情简单化，是智慧的体现。流程属于一不小心就会复杂化的事情，那么就要时刻谨守简单原则，避免复杂环节，让内部执行方和外部客户方都感到简单易行（见图 2-1）。

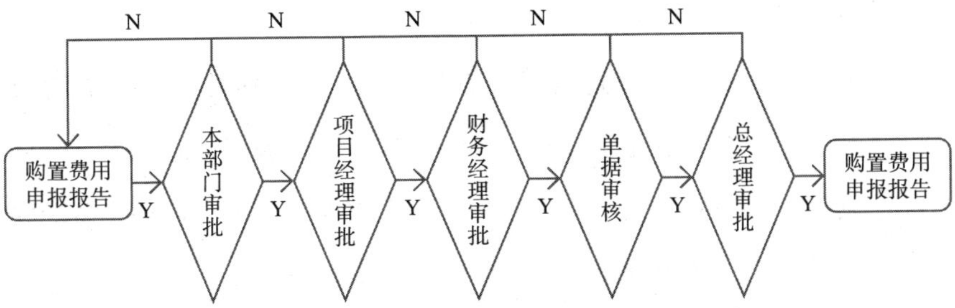

图2-1　某企业材料购买费用报销流程

图 2-1 所示的报销流程非常复杂，其间要经过五步审批，任何一步不通过都要返回第一步重新申请。这样的流程只能给实操者带来巨大麻烦，为了报销费用恐怕很难一次完成，要反复多次。不仅报销效率低下，还会影响参与者的其他工作。因此，流程简单化是必要的，可以从四个方面改进：

第一，办公自动化。这是网络时代下新的办公模式，逐步代替了费时费力的人工流程，做到低人力、高效率。在借助办公自动化改进具体流程时，可以从以下两个方面入手。

（1）推行无纸化。让纸质表格彻底成为历史，即便是网络表格，也只留下必填的，将作用不大的表格和设计不科学的表格减除。

（2）简化复杂技术。技术并非越高端越好，要立足企业实际和客户需求，选择最合适的技术实现需求。

第二，子流程划分。在企业整体流程的基础上，会有公司级流程、部门级流程和个人工作流程。上级流程涵盖下级流程，但下级流程的执行好坏向上决定了上级流程的整体执行效率。子流程的划分分为两种情况，一种是高等流程必须拆分，如公司级流程划分为多个子流程；另一种是复杂的、程序较多的流程必须拆分。

第三，调整任务顺序。减少不必要的流程，取消不增值的流程，将关键流程提前，必要时需重构流程。

第四，审批权下放。这是最关键的一点，在某种程度上是具有决定意义的一项。如果企业领导不下放审批权，而是各层都想控权，则任务顺序调整将无法完成，子流程划分也会失去意义，办公自动化会受到极大干扰，最终导致流程简化无法实现。

提到简化，尤其提到极简，很多人的第一印象是尽可能缩减，最终会出现该缩减的与不该缩减的都被缩减了。如果简化到失去专业性，也将对流程的设计和执行产生伤害。

流程的专业化体现在流程能有效指导执行者的工作和企业的生产运营。评价一个流程是否具有专业性，通常看流程设计所包含的内容是否与企业匹配。比如，企业有哪些产品或服务特性，企业应采取怎样的生产模式和营销模式？企业的经营流程、管理流程、业务流程、人才流程等，应怎样建立？企业的产品与服务经营战略是否适应企业内外部的竞争环境？从哪些方面评价企业的流程运行能力，企业有哪些运行的能力指标？

企业在设计流程时，可以有“两项标准”和“三项确定”可以借鉴。

“两项标准”是明确各项工作主题和明确流程框架。必须在明确各项工作的主题后再进行流程设计，通常可分为内部管理性工作事务（如员工聘用与考评、员工工资奖金核算、客户档案及补充、仓库管理、物流调度、费用申请……）和外部业务性工作事务（客户开发与管理、客户投诉、订单处理、产品生产与收发、退单处理……）。确定流程框架后，员工才能在执行流程时有参考依据。

以连德物流公司的新能源城市物流配送框架为例具体说明：第一步，确认订单要求及具体负责人（订单时间、订单数量、订单特殊要求等）；第二步，确认配合部门（仓储部门、财务部门、车队）；第三步，确认发货前准备工作（检查客户此次发货款项及相关票据、检查产品库存数量、检查车辆安排、向客户确认发货时间）；第四步，确认运输工作（安排车辆装卸、安排押送人员及具体工作事项）；第五步，确认后续工作（押送人员将相关凭证交付业务部及财务部、业务部收款，财务部入账）。

“三项确定”分别是确定流程单位、确定流程时间、确定流程责任链。企业流程、主流程、子流程和岗位流程是流程的四个单位，企业所有工作都可以归类到这四个单位中；企业流程、主流程、子流程都应有固定执行周期，岗位流程应有时间定额，具体可以参照统计分析法、技术测定法、类比比较法等计算确定；企业流程决策者、主流程和子流程执行者和具体岗位责任人都应实现责任到人，确保整体流程和分支流程均运行顺畅，提升流程执行质量。

“企业再造之父”迈克尔·哈默说：“流程是为顾客创造价值的一系列逻辑相关的活动。”想让相关逻辑活动能有序、高效地执行，就需要对流程进行科学管理、专业简化和合理设计，以达到明确员工工作职责、增加企业管理深度、提高企业经济效益的目的。

流程目的与工作目标相一致

《半岛晨报》决定对报刊版面进行调整，在原内容基础上增加更多广告信息，以提升广告费收入，执行该决策需要对编辑部的日常工作流程进行调整。

杨冬梅接手该项工作，根据杂志社对于广告条数的要求和各部门以往工作流程，很快制定出新的工作流程。新流程以广告添加为目的，每当广告信息送到，编辑部需要撰写上版，版设部需要进行版式设计。但广告的洽谈与合作并不都在同一时间段完成，经常是分批次或分条目送达，因此经常出现版设部已经将期刊版面设计完成了，广告部又有新条目送到，编辑部要加班撰写，版设部需重新设计版面。这种情况几乎每天都会发生，编辑人员和设计人员怨声载道，广告部好像犯了罪一样，连印刷部门都有些战战兢兢，不知道什么时候会被喊停。

这种混乱的局面持续了两个多月，浪费了大量人力物力，还几度差点延误杂志出版。杂志社领导层意识到必须改变现状，决定由主编重新制定流程。

虽然已经有了丰富的工作经验，主编仍然对工作进行了全面分析，最终找出了导致工作混乱的症结，即工作的目的与流程的目的不匹配。报社的工作目标是保证报刊能够按时发行，广告信息的排版内容与方式是次要的，当期刊的排版已经完成后再有广告信息送到，就自动推到下一周的新期刊中刊载。这一点需要广告部向客户说明情况，签订双方都能接受的合作协议。

确定了以工作目标指导流程目标后，主编进一步明确了流程设计的目的——保证杂志按时出版（见图 2-2）。

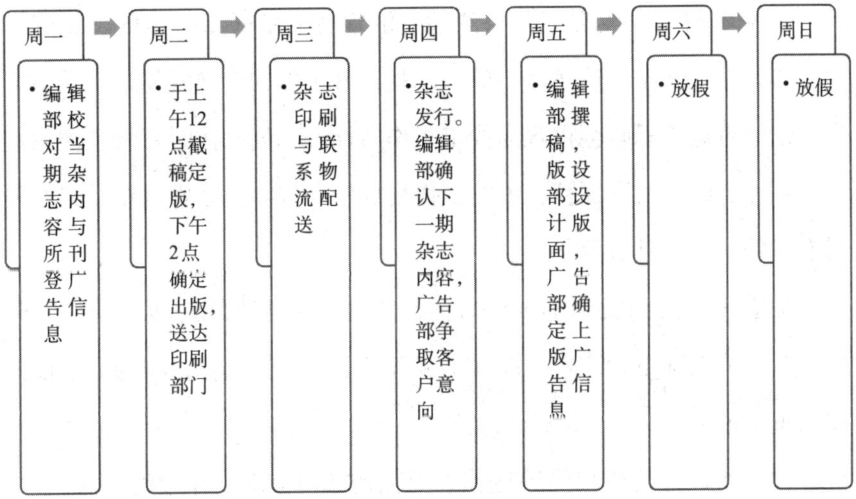

图2–2　主编设计的新工作流程

按照新流程执行，该杂志社的混乱局面迅速消弭，各部门流畅展开工作，再也不用担心广告信息会随时插入。逆转的关键在于流程目的与工作目标统一，工作目标成为流程的最终导向，流程目的成为工作实现的重要保障。

很多企业的流程执行不畅甚至引发工作梗阻现象，症结就在于未能明确流程真正的目的，即未能让流程真正服务于实际工作，而是以想象中的完美流程为蓝本进行设计，导致流程与实际工作不符，执行处处受制，流程最终沦为“纸上蓝图”。这样不仅导致流程无法为工作提供助益，还会给工作增添阻碍，更为重要的是造成了大量人力、物力、财力和智力的浪费。因此，在进行流程设计时必须明确设计目的，是否与实际工作目标相一致，是否达到了执行过程的最简单，是否能为工作中出现的问题提供实质性帮助。

为了所设计的流程目的与工作目标相一致，必须了解工作走向，分析工作环节，以明确工作的目的。

任何事情的发生都有其目的性，沿着目的了解工作走向，就能知道工作目标。就像上述案例中的杂志社，其工作的走向就是杂志的最终发行，顺着这个思路会很容易找出工作目标——期刊按时发行，注意在“发行”之前多了“按时”，说明工作目标中“按时”非常重要，只有按时发行的杂志才具有竞争价值。

顺着工作走向找到了工作目标，在与目标的直线连接上分析工作的各个环节无疑更为清晰，能够了解各环节的具体工作，将为流程设计提供重要依据。

为了所设计的流程能够达到最简化，必须梳理工作中的业务主次，并将结果引入流程设计。

想要简化工作流程，还需要梳理工作环节，可以进行两项行动，一是剪除工作中不必要的环节，二是对功能相同的环节合并同类项。如果你在一家生产型公司工作，想象公司的原材料采购流程由十个环节构成：确定购货订单说明书、询价、比价、议价、订购、催交、进货、验收、整理、付款。流程无疑非常完备，但各个环节逐一推进，采购进度能否跟上生产进度呢？如果其中某个采购环节出现错误，势必对生产进度造成巨大影响，因此必须重新调整看似完备的采购流程，砍去一些不必要的环节。首砍“催交”环节，因为只要做好其他环节，该环节完全可以避免；其次，合并“询价”“比价”“议价”为选择合适的供应商；

最后，将“进货”与“验收”合并，再将“整理”与“付款”合并。最终将公司的采购流程优化为五个环节：确定购货说明书、选择合适供应商、订购原料、收货验收、整理付款。

这两项行动是基于企业中的业务主次之分，在设计流程时要将更多资源倾向主要业务，分支业务要分布在主要业务之后。某餐厅将“点餐”和“结账”设定为主要业务，在顾客点餐过程中询问顾客口味喜好与打印分单则属于点餐环节的分支业务，询问顾客的支付方式与打印消费单据则属于结账环节的分支业务。

为了所设计的流程能够为工作中出现的问题提供实质性帮助，必须及时发现工作业务中的关键问题。

流程不仅是顺利工作的保障，也应是解决工作问题的利器，因此在设计流程时需要考虑工作中可能会出现的关键问题，并加以预防。

甲杂志社的C主编在设计工作流程时，首先明确工作目标，即杂志发行，并进一步明确业务的关键问题，即杂志社因为业务调整引入的广告因为信息确定时间不能准确，导致编辑好的内容与设计好的版式无法确定，严重影响杂志的出版效率。为了解决这个关键问题，C主编以解决问题的实际需要出发，将工作流程目的调整到与工作目标一致，以杂志发行作为流程设计的指导。

用SMART规范流程目标

上一节已经知道流程目的要与工作目标相一致，那么如何规范流程按照目标设计并执行呢？我们推荐用 SMART 目标管理工具对流程执行加以约束。

SMART 由管理大师彼得· 德鲁克提出，德鲁克警告每一位管理人员"一定要避免'执行陷阱'，不能只顾前行，不抬头看路，最终偏离既定目标。"

SMART 是 由 S（Specific）、M（Measurable）、A（Action-oriented）、R（Realistic）、T（Time-related）五项构成（见图 2-3）。

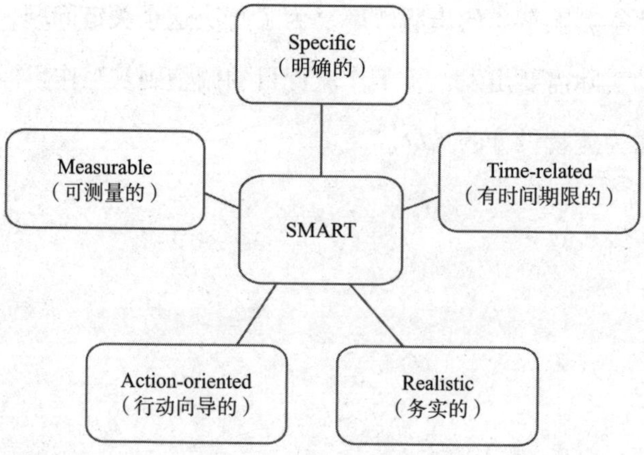

图2–3 SMART图示

借助 SMART 规范流程目标，不是直接将 SMART 运用进流程中，而是要对实际工作加以规范，并根据实际工作的目标设定流程目标。

第一，S——流程需有具体目标指引。

设计的流程有起点和终点，起点是解决问题和完成工作的开始，终点是最终的实现，是问题和工作想要达成的目标。如果希望流程能够顺利、快速执行，必须将目标具体化、明确化。

比如，某客服团队的工作目标是“继续增强用户满意指数”，在优化流程时针对客户的服务方面增加了几个环节，该团队认为今年一定会带给比去年更让用户满意的服务，但实际情况却正好相反，因为环节增多了，用户体验降低很多，一些用户甚至因为客服不通畅自己的问题不能及时解决而二次投诉。

如果该客服团队的工作目标能够具体一些，即从提升客户满意指数方面入手，如“去年客户投诉率是 2.4%，今年要降低到 1.4% 以下”。在进行新的流程优化时，可以根据确定的目标变更某些服务形式，但前提是不能增加客户的投诉负担。

第二，M——流程执行是可衡量的。

工作目标必须是明确的，应该有一组明确的数据作为执行过程中衡量依据，用以判断该流程的执行情况。

比如，上面所说的客服团队在模糊目标——“继续增强用户满意指数”指引下展开工作，在执行到当年“十一”时该团队负责人被上级询问：“今年的目标还没有达到，需要加把劲啊！”负责人回答：“已经实现了啊！”这就是目标模糊下执行无法衡量引发的上下级对工作状态的分歧。管理者从实践效果上看，因为流程执行环节增多导致客户反映并不好，得出了该客服团队的工作并不到位，年度“继续增强用户满意指数”的目标没有实现。客服团队则从执行流程上看，因为流程已经做过相应调整，执行也按部就班，因此判断工作已经做到位，年度目标已经实现。

如果该客服团队以“去年客户投诉率是2.4%，今年要降低到1.4%以下”为工作目标指导，应围绕这一点优化流程的每一步，在不给客户增加负担的情况下实现更好的服务。

但也有一点需要注意，因为不是所有工作目标都是可以精确衡量的，一些方向性的目标就难以定量，为此类工作所设计的流程在执行过程中也无法衡量，全凭执行者掌握，因此需要执行者有较高的综合素养。现实中，常有公司提出“为所有员工安排一次更高水准的业务培训”之类的任务，其中的“更高水准”就不能直接规定，只能通过与培训相关的指标衡量。在设计相关流程时，为了更具指导性，应将模糊目标转换为可衡量的数据，如“在 ×× 时间内完成对老员工关于某个主题的培训，并在培训结束后进行评分，平均分达到90分（含）以上视为效果明显，低于90分就视为效果不理想”。

可衡量体现在数量、质量、成本、时间、上级认可和客户满意程度六个方面。如果仍不能衡量，可以将大目标细化成小目标，再从以上六个方面分别衡量。因此，在设计流程时对于流程的执行目标应遵循“能量化的量化，不能量化的质化”的原则。

第三，A——流程是行动导向的。

什么是行动导向？即工作目标必须是可以转化为具体工作行为的，并通过工作行为最终实现既定目标。也就是说，工作目标必须是可以实现的，为这样的工作目标设计的流程才是有实际意义的，否则不能实现的工作目标必然会衍生出不能有效执行的流程。

关于目标可实现，流程是行动导向这一点，阿里巴巴始终如一在遵循，其内部团队在设定目标后都会考虑能否实现，通过考证确定具有实现可能的目标才被允许下达，并为目标制定新流程或者纳入现有流程中。为了确保目标可实现性不被破坏，阿里人坚决杜绝两种情况的出现：

（1）因为任务紧张给员工委派高强度工作。流程能够顺畅实施的前提之一，就是保证执行者有能力、有精力地高效执行，其间不容许任何一环出现问题，如果某个环节的工作量陡增，必然会增加该环节的出错概率，进而增加整个流程的执行风险。

（2）借用上级权势给员工委派高难度工作。超能力范围的工作会直接压垮执行者的信心，完成率将大幅下降，很可能让整个流程的执行受阻。

第四，R——流程必须是务实的。

这点看起来与上一点类似，都是强调现实性的，但行动导向主要针对流程的可实现性，务实则主要针对流程在执行过程中的方法选择。这一点非常重要，如果仅是考虑可实现，如果选择了不正确、不理性、不现实的执行方式，也会损害流程的执行效果。

比如，上海一家文化传媒公司的老板想在其他城市开设分公司，以扩展公司业务。这个目的是可行的，只要进行相关投资即可。流程分为定项、选址、成立、招聘、培训，但关键在于实施的具体方式，是否结合企业发展的实际需要，是否符合分公司成立初期的生存现状。该老板为分公司的定项是做少儿图书，而且直接上规模，因此租赁了两百余平方米的办公场所，内部部门划分与布局设置均按照成熟公司的标准，甚至在招聘的 17 名的员工中还包括一名前台工作人员。一切准备就绪后，因急于开展业务便越过培训环节，老板为分公司制定的目标只有一个——三年内实现码洋（“码洋”是图书出版发行部门用于指全部图书定价总额的词语）5000万元，然后融资变现，大家都赚钱。梦想很美好，现实却非常残酷，经过一年与各种麻烦的过招之后，分公司就无法坚持了，人员从17名减少为12名，再减少为6名，最后只剩下2人，老板无奈只能关停分公司，业务全部移回上海。但经过分公司对总公司一年多的消耗，总公司在各方面都遭受损失，原有的市场也未能守住。

这是非常典型的工作目标不切实，流程也随之不务实的案例。任何流程想要执行下去，必须向现实负责，从现实的角度考虑问题，任何一步的不务实都会导致执行失败，目标也无法实现。

第五，T——流程的执行必须有时间期限。

流程的执行需要有时间限定，在规定时间内完成才能获得最大收益，超出规定时间越多则收益越少，甚至会起到反向作用。

规定的时间必须精确，通常整体性流程应精确到具体月份，一般流程应精确到具体日期，常规工作可以精确到具体时段。比如，公司计划在2019年12月展开一个大项目，并做出流程规划，要求在2020年10月完成。各部门的各项具体工作都被划定到具体日期完成，为防止突发情况，允许分别向上下浮动一天。而每个工作小组的工作流程由各部门制定，完成时间也由各部门制定，要求必须精确到日期，并且不设浮动。具体员工的工作则在小组工作划分完成后自行掌握，以不耽误小组工作流程为根本。

规定的时间必须结合实际情况，不可盲目追求速度，要根据工作的权重和任务的紧急程度制定，拟定可完成目标项目的具体流程。

同时，对流程执行情况应定期检查，及时掌握工作进展情况，当发现有导致整体流程进展被延误的情况发生后，应立即调配人力进行处理，若短时间内无法处理，应及时调整流程规划。

目标管理表的运用

上一节我们讲述借助 SMART 对流程目标进行规范，避免使流程在设计阶段就产生偏差。但流程在设计阶段还应参考工作目标进行，并对工作目标有详细的了解，因此我们建议将工作目标以表格形式呈现。

首先需设立目标的相关内容，包括设立依据、目标项目名称、具体措施、衡量标准、必备资源、标准设置、权重比例、支出控制、负责人员、完成时间等。

根据目标具体情况设计表格，通常有两种形式，一种是按工作进度列表（见表 2–1），另一种是按目标项目列表（见表 2–2）。

表2–1　按工作进度列表

执行人：　　　　　　　　填表日期：

月度工作目标与计划			
计划实施进度	月计划分解	完成或未完成原因	部门主管审核意见
	第一周		
	第二周		
	第三周		
	第四周		

续表

月度评估与说明	
分析总结与改进措施	

如果每周目标计划不能满足实际工作需要或者不能对流程设计起到更好的引导作用，可进一步加入每日目标计划，甚至在核心工作部分列出更为详细的日工作计划步骤。

对于目标项目管理表格的呈现，我们以某公司2012年制定的年度目标表为例。

表2–2　按目标项目列表

序号	目标项目	目标值	责任者	实施	完成时间	管理部门	执行部门	备注
1	确保全年收入目标4000万元	设计咨询收入600万元； 标准设计收入2000万元； 技术服务300万元； 网络工程师1000万元； 分支机构100万元	××× ××× ×× ××× ××	制定经营工作管理办法和工作激励措施； 发挥各部门优势，明确各部门考核办法； 保证重点项目按合同计划完成； 制定财务、发行部门协作管理办法，做好预收回款工作	本年12月	财务室；总工办	各有关部门	
2	完成全年新签合同额	设计咨询合同额； 技术服务合同额； 标准设计（外付）合同	××× ××× ××	组织好重点项目信息跟踪工作； 分析并掌握国内外技术发展信息，做好投标组织工作，提高方案水平； 重合同签订与管理	本年12月	总工办	设计部	

续表

序号	目标项目	目标值	责任者	实施	完成时间	管理部门	执行部门	备注
3	成本支出控制	设计成本×××万元（占设计收入约60%）；设计管理成本×××万元；设计控制成本×××万元；设计发行成本×××万元；其他管理成本×××万元（占总成本约15%）	×× ××× ××× ××× ××	制定年度预算；按计划执行预算内支出，严格控制预算外支出；制定节支措施，强化费用控制	本年12月	财务室	各有关部门	
4	计划与合同管理	计划按期率——设计达95%和标准设计达80%；合同履约率达95%	×× ×××	加强计划管理与客户信息资源管理，编制计划进度，下达《项目计划策划》；跟踪项目执行情况，及时调整补充，保证有效运行；合同评审，预防风险，确保合同履约	本年12月	总工办	各有关部门	
5	加强项目现场服务	每项工程设计做到人员落实，服务周到，信息反馈及时，第一时间处理遇到的问题	××× ××	提高服务常识，树立一切使用户满意的良好服务态度；现场服务应认真听取用户和施工单位的反映，定期组织好设计回访，施工回访，及时改进工作	本年12月	总工办	各有关部门	

设定了目标，又设计了目标管理表，在此基础上进行流程设计，可以极大提高流程的执行完成率。但工作中随时潜藏不可控风险，会延缓流程执行进度甚至直接扼杀流程的执行。因此，为了防止这类状况的出现，也为了在此类状况出现后能够针对流程做出及时调整，在制定目标管理表的同时，还需要制定一份目标检查表，记录未完成目标的情况与程度，并提出初步解决建议（见表2-3）。这份表虽然不是解决突发事件的锦囊，但可以对下一步制定新的流程给出指导性帮助。

表2-3　目标检查表

目标项目	完成比例	未完成情况	未完成原因	预防措施	备注
1					
2					
3					
…					

搭建一级流程路径

在开始讲述流程路径之前，需要明确流程的等级。从本质上说，企业的流程并非传统的层次结构，流程制定的目的就是要消解层次结构中工作重复性问题。企业设计流程时，经常会采用“各自为战”的方式，各执行部门制定各自的流程，待到流程汇总之后会发现，不同部门、不同岗位之间会出现大量重复性工作。比如简单的交接图纸，一个部门送图纸，一个部门收图纸，明明是一步就能完成的，却拆分成了两步，额外增加了流程复杂度。

避免出现重复的工作，仅靠优化流程是不够的，还要对流程进行分级，使流程在级别锁定中趋向清晰化和精细化。

所谓流程分级，就是以流程对于企业的重要程度和覆盖范围为界限，重要程度大的、覆盖范围广的，流程级别相对上升，否则就会下降，在这个过程中还将裁掉不必要的流程环节。通俗的解释就是将大块流程按照不同的层级进行切分，逐级划分为更多小块流程（见图 2-4）。

如图 2-4 所示，一级流程共有两块，一块覆盖范围很广，另一块权重程度大。完成流程分级后，复杂的一级流程被细分成部门级、小组级和岗位级的具体操作，实现了流程的真正落地。有的流程四级结束，有的流程三级结束，有的流程中间有跨度。

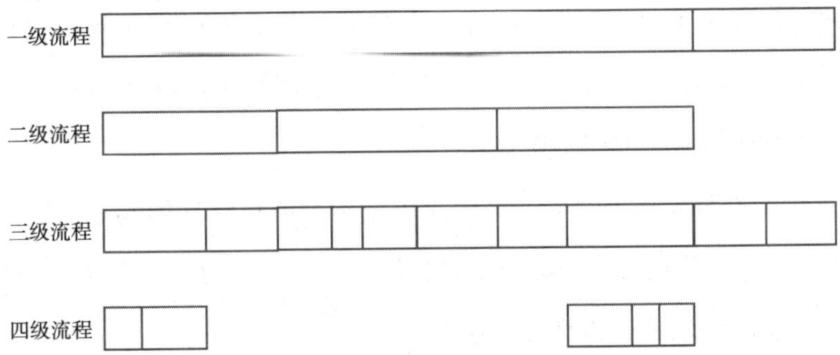

图2-4　四级流程分级

在企业管理中，不同的流程具有不同的作用，根据流程的覆盖范围和重要程度可以构建流程管理的层级，通常为图 2-4 所示的四级：一级流程为核心流程，二级流程为协控流程，三级流程为自控流程，四级流程为标准作业流程。

一级核心流程可以解决职能管理面向任务、面向职能而不面向价值创造的难题。一般由企业的高级管理人员具体操作，运行过程中会涉及内部很多部门。

二级协控流程是保障各部门间顺利协作的管控流程。以采购部管理流程为例，生产部门提出采购要求，采购部门完成采购工作，运输仓储部门将物品入库并将入库信息反馈给生产部门。

三级自控流程是职能部门内部员工执行工作的具体步骤。如采购流程中的采购审批、采购订单下达、采购物品运输、物品入库验收、结算与付款。

四级标准作业流程既是为完成具体岗位作业而设计的操作步骤，也是针对三级流程中部分环节所采取的进一步细分。比如常规作业中的设备清洁、质量检查等都属于第四级标准作业流程。

在实际流程设计中，不是局限于四级，或许只有三级，或许超过四级，但通常不会少于三级，也不会多于六级（含）。如果流程达到六级以上，就属于过多流程分级，容易造成流程框架结构及管理层次的复杂，不利于横向跨部门协作整合。

常规的四级流程分类法是以组织结构为流程管理的起点，以岗位设置为流程运行的连接点，三级自控流程是流程结构设计的重点，四级标准作业流程是具体活动的描述。

此外，还有一种较为常见的三级流程分类法，即按照组织结构的等级从上至下进行划分（见图 2-5）。比如“公司级流程→部门级流程→班组级流程”就是典型的三级流程分类，将部门结构与流程结构的等级统一，便于流程在企业内部快速铺开。

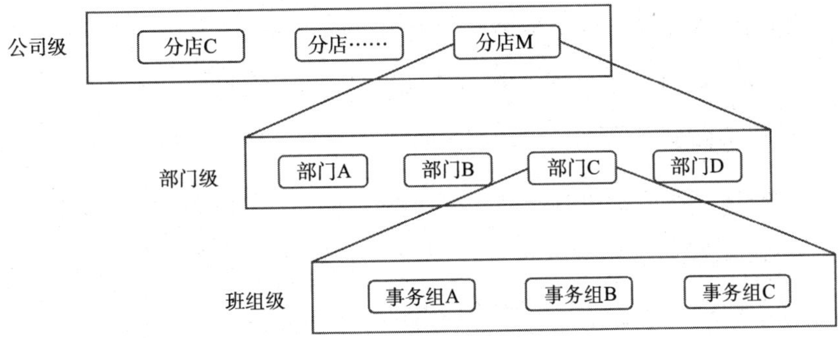

图2–5　三级流程分级

总之，流程分级没有具体的规定，可根据企业具体业务流程的实际情况而定，企业的流程划分为三个层级：

战略流程级：是组织规划和开拓未来的流程，如战略规划、新产品开发、新渠道架设等。

经营流程级：进行日常管理工作，反映实际经营情况。

支持流程级：保障管理工作，支持上述两类流程的实现。

从任何方面看，一级流程都是决定企业未来发展的重点与核心，是搭建从战略到执行的路径指引，只有一级流程的设计做到正确高效，其他各级流程的设计才能有序进行。下面针对一级流程的设计介绍相对成功的方法，仅供参考。

步骤一：草拟一级流程架构设计建议稿。

很多企业对于设计流程还是相对陌生或者感到艰巨的，因为这既不是经常会做的工作，也不是很容易完成的工作，很多企业的流程设计半途而废就是因为对这项工作的不适应。在不适状态下不能冒进，而是建议企业成立专门负责一级流程设计的小组，并由其中核心成员先草拟出一份流程设计建议稿。给出意见稿的同时告知小组其他成员根据自身业务知识、能力和需求对流程逻辑和内容进行修改，如果建议稿与现实工作多数不相符可以推倒重来。

先拟订建议稿虽然看似增加了流程设计的工作量，但对于设计出优质流程来说是必不可少的环节，即便是对流程设计已经非常熟练的企业，仍建议只缩短该步时间而非砍掉该步骤。

一级流程建议稿的拟定有一定的质量要求，最重要的一点是必须能直观地展示企业长期以来的管理思路和价值定位。

步骤二：召开一级流程架构研讨会。

提到研讨会，有些人会问，设计流程还用研讨？我们说过一级流程关乎企业发展的长久，如果不能做到设计合理，有战略价值，对企业将产生巨大负面影响。

因为企业的一级流程个数不固定，所以各一级流程设计小组可自行召开流程架构研讨会，并由一级流程架构设计建议稿的负责人讲解架构建议稿。

讲解的目的是让与会者明白：一级流程架构设计的理念与价值是什么；设计可能存在哪些问题和漏洞；对比标杆一级流程架构分析自己的一级流程设计建议稿的逻辑是怎样的。

讲解结束后是讨论时间，旨在吃透一级流程架构设计建议稿，并且从企业发展的实际需要出发，对一级流程设计建议稿进行深度修正。

步骤三：设计一级流程的正式初稿。

设计一级流程需要更高的综合素养，要求参与设计人员有对全局的把控力和战略性思维，并且有广阔的管理视野。因此，在召开一级流程设计研讨会时，流程所涉及的主要部门负责人都应到场，共同针对一级流程的确定和如何拆分为二级流程展开讨论。

一个设计成功的流程，在讨论的过程中会自然连带出确定二级流程的逻辑和思路，甚至能够进一步确定二级流程的内容、范围、目的。

步骤四：一级流程框架的规范性评审。

各一级流程设计完成后，由企业的流程规划执行组针对一级流程进行规范性评审。所谓规范性评审，是从流程管理的专业角度评审流程框架的质量，具体可分为结构科学性、MECE 遵从性、方法遵从性（见表 2-4）。

表2-4　一级流程框架规范性评审

分类	具体内容
结构科学性评审	流程分级有清晰的逻辑与主线，包含 PDCA 等内容
	在当前组织框架下是否对流程中的跨部门协作行为有帮助
	一级流程框架是否能够为流程执行者提供有价值的服务，是否能够为企业现阶段及未来发展提供支持
MECE 遵从性评审	同级流程之间不重复、不交叉，避免职责不清，涉及不清
	所有子流程的集合能够完全体现上一级流程的内容和要求
方法遵从性评审	从流程活动角度而不是部门职能角度对流程进行分级
	先分级，后分类，一、二级流程可以共享，三、四级及以下流程应存在差异
	同级流程之间应保持一致的颗粒度

无论怎样为企业流程划定级别，在设计时必须遵循三大质量评价标准：

（1）流程框架的完整性：确保每个流程框架在其所在的流程架构内有代表性名称，并没有结构缺失；

（2）流程框架的逻辑性：清晰的逻辑主线，便于执行者理解和实施；

（3）流程框架的高低性：高阶流程（一、二级）共享，低阶流程（三、四级及以下）求异。

绘制实用性流程图

用文字表述一件事是可以说清楚的，但并不直观，如果能用绘图形式表达清楚，则可以一目了然。对于流程这种多部门、多岗位参与的行动，清晰、直观是最好的效果，就需要将流程从文本转变为绘图。流程图的绘制是设计流程中最基本的工作，是流程线路的具象化呈现。流程图绘制的水平高低，是否达到清晰直观将直接影响执行者的工作能力、工作进度和工作正确率。

通常一个对企业流程管理有效的流程图需要具备表达完整（要做什么事、谁来做、做到怎样的程度）、层次清晰（每一步需要调用哪些部门的人力、物力执行）、直观明确（谁统筹监管、谁从旁协助、谁负责前期、谁管理后期……）的特点。

下面是一家大型汽车零部件生产企业的财务部门的财务管理流程图，横向是流程涉及的相关部门和人员，纵向是流程具体实施的步骤（见图 2-6）。

通过图 2-6 能够看出，流程图是流程的具体呈现，是执行的步骤指引，优质流程图非常清晰明了，既可以提升工作的进度，又能降低执行者的工作量。但现实中很多企业并不重视流程图的绘制，认为设计流程才是重要的，流程有了之后只要按步骤画出来就可以了。同样的事情不同的人描述会有不同的效果，流程图也是如此，非专业人士或能力不够的人绘制的流程图反而会让流程复杂，甚至产生流程图内容与流程框架或实际工作不符的情况。而且非专业人士也不懂得流程图语言，导致最终的进程框架不正确。因此，应交由专业人士绘制，并在绘制过程中积极听取涉及的部门负责人与岗位负责人的建议。

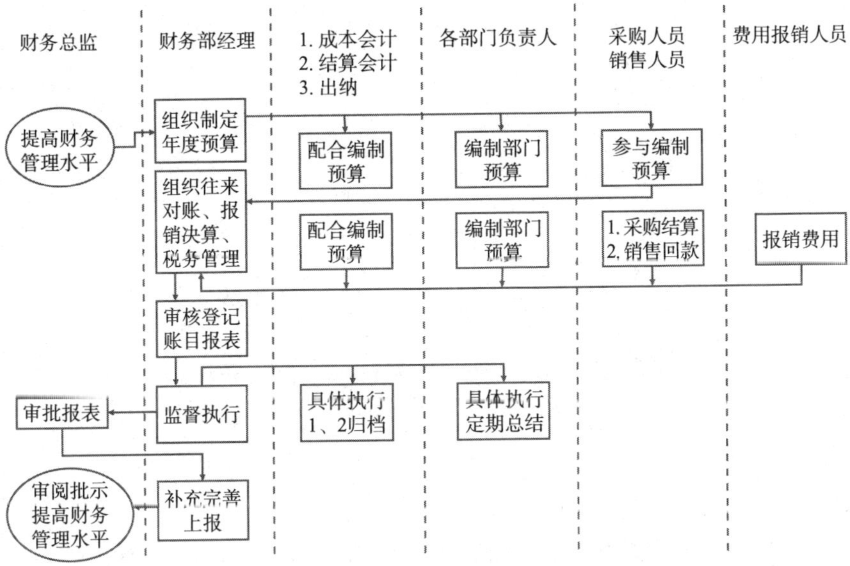

图2–6　某大型汽车零部件生产企业财务管理流程

所谓流程图语言，是流程领域几十年摸索出来的约定俗成的图形表达形式。流程图是一种图表表现形式，对于执行者相当于说明书的作用，因此用词和用图一定要确定。首先是岗位、责任、活动、图形、工作要求必须确定；其次是涉及的数字、时间、数量、频率等必须明确量化。绘制流程图时应多用名词和量词，避免使用形容词。

绘制流程图是用图形代替文字流程所列出的作业配置，为了图表方便观看，书写原则是从左至右，从上到下。同时需考虑图形符号的大小、连接箭头和图形的相互搭配，以及文字平衡（见表 2–5）。

表2–5　绘制流程图的图形符号

图形符号	含义	使用规则	应用范围
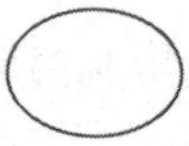	用以表示一个流程的开始或结束	只能有一个起始节点，只能流出	所有流程
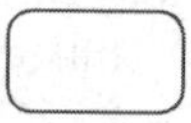	用以表示一个流程的开始或结束	只能有一个起始节点，只能流出	所有流程
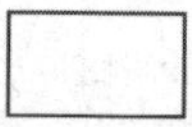	代表流程分支的结束	可以有多个结束节点，只能流入	所有流程
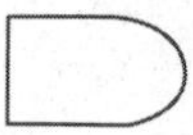	普通流程步骤，可以定义详细的步骤说明、流入条件、相关文档、责任人、监控人、协作人、消耗项等	节点数量不定；N个入口，N个出口，N-1个连接阅读节点，1个连接其他节点，其中$N \geqslant 1$	普通工作步骤，按顺序执行
	设置等待时间和流入条件后由系统自动启动	$N(N \geqslant 1)$个入口,1个出口	自动启动的步骤
	根据判定条件自动选择下一个分支流向	$\mathrm{N}(\mathrm{N} \geqslant 1)$个入口，$N(N \geqslant 2)$个出口	条件分支
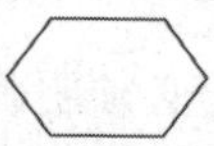	表示准备	两端必须连接节点	所有流程
	两个并行节点之间的所有分支，必须全部完成才能跳出继续	成对出现	会签、并行

续表

图形符号	含义	使用规则	应用范围
	两个或节点之间有一个分支，完成就能跳出继续	成对出现	一票通过或否决
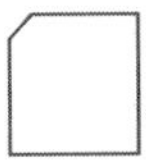	阅示任务或公文	一个入口，无后续节点	抄送
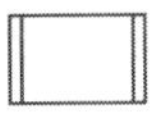	备注	虚线连接	流程说明

流程图绘制完毕，需要对图形进行全面检查，确认流程图是否与文字流程完全匹配，是否完整合理，是否在条件设定时有疏忽或遗漏。

第三章 职责合理：重置岗位责权利

流程从制定到执行再到检查、考核等全过程的所有参与者，都应对流程的执行效果负责。负责的前提是必须职责划分合理，让每个职位拥有最合适的人，然后让最合适的人对自己的工作负责，当流程中的每个环节都达到合理值时，流程的执行才能得到保证。

界定相关部门与岗位职责

明确参与流程实施的各工作部门和工作岗位的具体职能与作用，才能真正明确各个方面的权、责、利，流程也才能真正落地实施。更为关键的是，明确界定各相关部门与岗位职责，能够有效避免流程中的重复工作或无效工作，使工作流程更为简化。

界定部门与岗位的职责的前提是将流程中所涉及的工作项目进行区隔，然后根据各项工作范围和每个部门、工作岗位的工作特性，划出在流程中所涉及的相关部门与工作岗位（确定属于流程必须的工作，则列入工作流程之内，反之不列入），最后是有针对性地划分相关部门与工作岗位的具体职责。

日本的山崎面包公司在成立十五年时，根据过往的原料采购经验，设计出新的原料采购工作流程，但在具体实施时采购部内部就混乱起来，各工作组的职责不够明确，随后财务部、生产部和总经理办公室也加入“战团”，导致原料采购连续几次出现严重问题，生产也频频告急，这套流程被迫终止。

在之后的分析中发现，山崎面包所设计的流程并不属于失败之列，只是因为没有预先界定哪些工作部门或工作岗位要参与到该采购流程中，在流程实施过程中那些岗位或具体负责人的责任范围。对该流程进行调整时，对原料采购环节进行全方位梳理，确定了所涉及的相关部门和工作岗位分别是：总经理办公室、采购部、生产部、市场部。而之前一直认为必须在其中的财务部和仓储部被砍掉。随后山崎面包对各个部门在原料采购工作流程中所担负的具体责任与作用进行了界定，具体流程如下：

步骤一：生产部的原料统计责任人向采购部报送所需原料种类、数量与品质要求。

步骤二：采购部的原料发展小组负责编制原料采购方案，并按相关权限获取审批。

步骤三：采购部的原料发展小组和原料价格控制中心负责制订定价机制和价格区间，并按相关权限获取审批。

步骤四：采购部的专职采购人员组成三人以上小组，开展谈判工作。

步骤五：采购部的专职采购人员、原料价格控制中心与市场部的营销中心人员按日汇总，讨论确定合理采购价格范围。

步骤六：采购部的原料发展小组形成采购合同的意见结论，按相关权限获取审批。

步骤七：采购部的原料发展小组和专职采购人员同供应商签订合同，支付定金。

在确定了工作流程中涉及的相关部门与工作岗位后，还需要设定相关部门与工作岗位在工作流程中所负担的职责。

职责由两部分构成——职能和责任。职能是主体，是责任的载体；责任是客体，是对职能的约束。

职责具有两层含义：一是被委派任务的部门或岗位应该完成的工作，二是部门和岗位必须承担的工作后果。

在确定各部门或岗位的具体职责时，首先应确定各部门或岗位的主要业务模块，其次应将各项工作进行细分，每个部门乃至每名员工都能在工作流程中迅速明白自己的工作内容和找到自己的定位，从而保证每项工作都有相应的责任人。

职责确定不能停留在口头，还应形成书面责任说明书，将工作责任书面化不仅有利于员工的责任意识，还有利于企业形成职责制度化。

职责划分的一个重要条件是职责界限清晰，分工合理，责任到位，工作属性清晰，各项工作之间没有交叉。部门职责划分可以遵循“四避免原则”：首先避免一项工作职责的责任人空缺；其次避免多人负责同一项工作（职责交叉、错位）；再次避免忽视部门工作中的主要职责；最后避免一项工作职责中突发事件过多。为保证流程执行的效率与质量，还要设置相应的监督机构对流程的实施过程加以管控，时刻保证各部门间相互分工、隶属、合作关系的明确。

若干种职位组合成一种职位

流程给人的直观感觉是流水线模式，一个环节的工作做完了，进入下一环节，各环相接直到最后，流程执行完毕。但一味按照环节推进工作，当后续工作有变动会继续向流程内添加环节，流程会逐渐冗长。也许有人会说“有添加，就会有删减”，话虽如此，但传统流程追求环节的完整性，讲究“一个萝卜一个坑”，每个坑都各有用处，不能轻易削平。造成的后果是流程越来越“完整”，执行环节越来越陡，执行时间越来越长。很显然，这样的流程对于企业的管理与发展并无益处，在很多关键时刻会延长决策周期和降低执行效率，使企业丧失跨越式发展的好时机。

正因如此，必须对线性过长的流程进行简化，而简化首要针对的应是执行者职位的优化与确认，有些职位必须保留，有些职位应多增加人力，有些职位需减少人力，有些职位则需砍掉。具体可对流程活动的增值情况加以判断，将流程的各项工作的增值情况罗列出来。

增值可以分为两大类：一类是客户增值，即某项工作是否为产品或服务提供了新的功能？某项工作是否在行业内具有竞争优势？客户是否愿意为此支付更高的价钱？另一类是业务增值，即某项工作是法律法规所要求的吗？某项工作是支持财务报告要求的吗？某项工作如果增加人力，流程执行会加快吗？某项工作如果减少人力，流程执行会减缓吗？某项工作如果取消，流程会中止吗？

简化后的流程有一个共同的基本特征，即不再是线性状态，原先的若干种不同的职位或任务被整合或压缩成为一种，最直观的结果是原本的流水线执行模式转变为网格状态，一条流程串联任务变为多条流程并联任务，使执行周期极大缩短，执行效率极大提高，执行所耗费的各项资源极大减少。

最典型的案例是国际商用信用公司，他们把若干种专业人员的职位，如信用审核员、核价员等职位合并成为一种，称为“综合办事员”。这种改变非常有效，首先在公司内部起到了调动员工工作积极性的目的，因为不再受一种职位身份的限制，“综合办事员”们必须身兼数能才能为客户服务好；其次是客户面前的“业务墙”不见了，曾经需要层层递进的业务关系没有了，客户只要连接一位“综合办事员”就可以解决所有问题；最后对员工的能力提升起到极大的促进作用，曾经一名员工只需要掌握业务环节中的一项即可，如今却要被迫成为“业务全才”，虽然初始阶段有些吃力，但跨过能力瓶颈之后便豁然开朗。

无论从哪方面来讲，国际商用信用公司的这项职位改革都是成功的，公司、客户、员工三方受益。

但国际商用信用公司在改革过程中也曾走过弯路，因为流程中多个步骤的工作被压缩成为一项综合性工作，导致业务流程延长，始终交由单独一个人去完成的做法并不是总能行得通。因为流程过程中会有不确定的突发因素出现，“综合办事员”们虽然逐渐历练成为本业务领域的全才，但如果要应对来自其他方面的各种不确定情况也是不现实的，因此在流程中要加入预防意外状况的备用分支流程。也就是说，非线性流程并非完全否定分工，而是在将价值同类的职位合并，将无价值职位取消后，适当加入对流程实现更为有利的其他分支流程，目的只有一个，即把握流程全貌，保障流程顺利实施。

给每个员工定岗、定责、定规范

执行者是流程的执行主体，因此在流程设计阶段就应同时将每名执行者的岗位、职责和所应负责的规范加以规定，帮助执行者充分了解自己的工作范围和应负的责任。如果流程中的岗位与职责划分不清晰，会在流程执行中出现责任不明、范围不清的问题，导致流程成为摆设。

某工业产品加工企业的仓库主管在接受一批供应商原料时，发现其中一种价格昂贵的原料比采购单上的数量多出 25%。该主管与供应商联系，要求对方将多出的原料拉回。但供应商最近业务方面出了些问题，不能在短时间内将原料运回，而且运回该批原料的成本并不低，于是希望该加工企业能够一并接受，多出原料的价格可以下降 7.5%。

仓库主管认为这是挺好的提议，而且这种原料属于常用，价格下调后完全可以接受，但他无权决定，便将情况汇报给采购部经理。

与仓库主管的想法一致，采购经理也认为应该留下多出的原料，毕竟是长期合作伙伴，算是帮对方一次。于是他找到财务经理协商此事，财务经理认为这样做虽然于企业有利，但与企业的工作流程和管理规则不符。企业有规定：为了保证企业账面的准确性，原料款必须按照原料采购单支付。

采购经理又将此事上报给主管生产的副总经理，副总此时正带队在南非洽谈生意，他对采购经理的想法表示认同，并告之可以按实际情况自行处理。最终采购经理决定留下多出原料，并与原料供应商达成在价格降低 7.5% 的基础上再降低 3.5%。

这件事被财务经理直接越级报给董事长，董事长以没有按照企业规定为由，对主管生产的副总通报批评，对采购经理降职一级，对仓库主管直接开除。

该企业的情况在实际工作中绝非罕见，虽然执行者都在按照工作流程及时向上请示或与同级协商，并按上级指示处理问题，但因为工作权责不清，对于“是否留下多出的原料”没有明确的决策者和负责人，从主管请示到副总经理，最终只得到了“按实际情况自行处理”的答案，虽然最后采购经理独断要为企业节省费用，却因为违反了规定而惨遭降职。

这是典型的工作中缺乏对岗位、责任和规范的界定，因此当现有流程被突发问题打破后没有应对办法，遭遇执行阻碍。若能就流程执行的岗位、责任和规范做出明确规定，就会有明确的责任人去负责处理与之对应的问题，流程的其他部分继续运转，既能保证流程执行的流畅性，又能及时将问题解决。就像上述案例中该企业遭遇供应商多配送原料的问题，如果有明确规定，如原料的质量问题、数量问题、运输时间问题、运输路线问题，均由采购经理负责处理，那么当仓储主管向采购经理报告情况后，采购经理会适时做出正确的决定。也因为企业有相关规定，采购经理将不会因为触犯企业规定而被处罚。

由此可见，确保流程执行顺畅的前提是为员工定岗位、定责任、定规范，三者缺一不可，相辅相成。有了固定岗位才能谈得上相关责任，有了岗位和责任的共同约束，规范才有了意义。定岗、定责、定规范的方法如下。

第一，给员工定岗位。

确定员工的工作岗位，将合适的人放在合适的位置上。因此，必须了解员工的综合能力和岗位性质、具体要求，再将三者结合实现人、岗、事合理搭配。

首先，了解员工的综合能力。注意，我们提到的是综合能力，而非工作能力。因为工作能力总会被误解为完成具体工作所需的技术，而综合能力则更能全面反映一个人，可以概括为硬性能力（出身、学历、家庭环境、工作经验、兴趣爱好、专业特长等）和软性能力（思想状态、挑战心理、拼搏精神、诚信指数、责任态度等）两个方面。

相对来说，软性能力在定型以后很难改变，更决定一个人的性格特征和工作状态。作为管理者，需要了解下属员工各自的能力不同之处，可以通过与员工的沟通面谈和实际工作的观察得出对员工基本的认识，有助于将他们安置在合适的工作岗位上。

其次，了解工作岗位性质。世上的工作类别有千万种，每一种的性质都各不相同，作为管理者要了解自己管辖范围的岗位性质。比如，有的岗位有极强的技术需求，必须安排技术大神配岗；有的岗位需要经常出差，那么在没有绝对必要的情况下，家庭状况不适合出差的员工尽量不要考虑；有的岗位经常与客户接触，需要谈判能力和具备服务精神的人担任……总之，岗位不同，所需要的人才类型就不同，只有做到人才的类型与岗位的类型匹配，才能最大限度地保障流程的顺利实施。

最后，了解工作具体要求。这是对岗位更为详细的划分，因为同样的岗位如果要求不同，对岗位人员的定位也会不同。比如，同样是图书公司的编辑岗位，但有的岗位编撰养生类书籍，有的岗位编撰儿童类书籍，有的岗位编撰经管类书籍，这三个编辑岗位所需要的编辑类型就不相同。

第二，给员工定责任。

确定每个员工的工作职责，即按照工作岗位的具体工作范围确定每个岗位上的工作人员的具体责任。

具体的做法是：以员工的岗位说明书为据，明确其岗位职责的具体内容，并以此进一步明确其在工作中应该承担的责任。强调责任的目的是增强员工的责任感，使其更为主动认真地完成工作，这样做既能够保证流程执行顺利，也能保证各方面的利益（企业的与员工的）。

在确定员工具体的岗位责任时，不可以忽视对工作量、工作难度的确定。因为这两点因素会影响员工对工作的执行效果。同样的工作职位，不同的工作量，所对应的责任应该有所调整。通常企业应给予承担工作量较大的员工更多支持，并在所担负的责任方面放宽一些，如完成的时间或程度有所宽限。工作难度大的岗位，需要给予员工更多的执行空间，因此在工作量方面应该有所下调。总之，承担工作的同时就必须承担工作所需肩负的责任，但一些附加条件也要考虑在内，做到执行中更为和谐，流程才能顺畅实现。

第三，给员工定规范。

执行不是只讲求结果，还要对过程有相应的要求。即在确定了员工的工作岗位和工作职责之后，需要确定每一个工作岗位的具体工作标准。通过标准的制定，员工能够很清楚地知道工作应该怎么做，做到什么程度，如果达不到某种程度应该如何补救。

确定工作标准可以通过工作的完成度、工作的完成情况、客户满意程度、对企业未来的发展影响等多方面进行考核。同时，对于员工是否按照工作标准去执行任务，可以依据工作绩效、职业道德、工作能力提升程度等方面进行检验。

加强与周边流程及相关工作岗位的协调

北京华夏智库图书公司原有16名员工，分别承担销售、策划、编辑、库管四大类工作。其中主编1人、销售7名，策划1名，编辑6名，库管1名。6名编辑中，1人负责财经类图书编纂，1人负责文史类图书编纂，3人负责经管类图书编纂，1人负责传记类图书编纂。

根据上述人员配备，该公司的工作流程是：销售人员与客户洽谈好图书编写合同，交由策划人员编写目录，再交由类型对应的编辑进行撰写，成稿反馈给销售人员，由销售人员同客户探讨，若稿件有需要修改之处发回由编辑修正，若稿件没有需要修改之处则提交主编进入与排版公司的对接流程，则该稿件在本公司的流程走完。

这种以岗定人的模式在中小微企业中非常普遍，每个岗位都有相关执行人，各负一摊，互不干扰。如果顺利执行，这样的流程也是不错的。但问题就在于这样的流程中往往存在硬伤，一旦硬伤发作会严重影响流程执行。

如此设计的流程中存在硬伤——只有一名策划，如果该环节出现问题，则整个流程将断裂。后来该公司策划提出离职，公司虽然立即招聘策划人员，但仍出现了空窗期，而且新策划到位后还有适应期，公司花费了三个月才恢复正常，其间损失了不该损失的客户。

为防止这样的情况发生，流程中必须加强与周边流程及相关工作岗位的协调。

什么是周边流程呢？就是与本执行流程相关的其他流程。

什么是相关工作岗位呢？因为其他流程中并非所有岗位都能与本执行流程有关联，因此需要找出其他流程中哪些岗位与本执行流程的工作相关。此外，一些小微企业只有一条主执行流程，没有其他流程，就需要在本执行流程中找到那些与最核心岗位相关联的其他岗位，并加强联系。

仍以华夏智库图书公司为例，因为只有一条流程执行主线，而这条流程中的核心岗位是策划。如何加强联系呢？最好的方法是逐步裁撤该环节，将6名编辑培养成为策划编辑双料人才。这是一项比较费时的工作，但如果做成，对公司和个人都将大有裨益。

这种保护流程执行的做法不仅限于中小微公司，大型企业同样适用。华为就十分重视周边流程和相关岗位的协调。任正非在多种场合反复强调："仅仅一个人或一个团队取得进步是不够的，要使整个周边流程都能进去，取得良好的成果，才能说明整个流程的进步和优化实现了。"

在任正非的带动下，华为整个管理架构都重视和加强与周边流程、相关工作岗位的协调，经过一段时期的调整，华为在业务发展的过程中逐渐形成了"自愈和机制"，并且这种机制在华为的项目协作中逐渐完善。

2006年，华为吉林维护组从技术开发部门调派了一名新员工，该员工刚到位不久就发生了一次大范围网络故障，客户方面要求华为立即排技术人员赶赴现场，并以最快时间解决。该维护组技术水平最好的是这名新来的员工，组长决定派他去解决，可是他缺乏现场维护经验，对于客户的要求不能及时相应。

怎么办？临阵换将吗？这样做不仅会耽误修复时间，还会有损华为的公司形象，对这位新员工也将是巨大打击。组长的做法是召集维护组其他几名赶到现场的员工与该新员工一起就地研讨解决方案。虽然其他几名员工的技术能力不如这名新员工，但现场维护经验丰富，纷纷建言献策，很快在大家的探讨中确定了问题的根源，形成了一套较为详细的解决方案，有新员工负责技术支持，经过两小时的维修，解决了此次故障。

一套流程不可能永远畅通无阻，经常会需要其他因素的支撑，与周边流程和相关岗位的协作，会极大提高流程的完成度。

责任无极，人人都是流程中的一部分

1964 年 3 月，发生了一起震惊全美的杀人案，一名男杀人狂在纽约的克尤公园杀死了一名女性。杀人案是残忍的，但真正让人震惊的是案发过程中有多达 38 个人看到或听到受害人被杀害的情景以及呼救的声音，但没有一个人挺身而出，甚至没有一个人报警。案发后，美国各大媒体痛心疾首地抨击国民的冷漠。

与媒体的阵阵声讨不同的是，心理学领域的专家们都在沉默中深度研究冷漠背后的原因。最终心理学家约翰·巴利和比勃·拉塔给出了令社会信服的解释，即“旁观者效应”。当一种紧急情形出现时，由于有其他目击者在场，群体环境中的责任界定模糊，涉及的人越多，责任心就越低，群体责任会抵销个体责任，个体游离于责任之外（见图 3-1）。

如图 3-1 所示，前一个责任流程对应的执行者有 5 人，对应的责任人也是这 5 人，5 人都应对责任负责，但 5 个人又都没有绝对责任，很容易形成“这不是我一个人的事”或者“要管大家一起管，否则我也不管”的心理，终会导致 5 个人都不愿意主动去承担责任。后一个责任流程对应的执行者有 5 人，但责任人只有 B，该流程出现问题就找 B 问责，B 为了将流程执行好会尽职尽责，也会对更为具体的责任向其他 4 人分派。

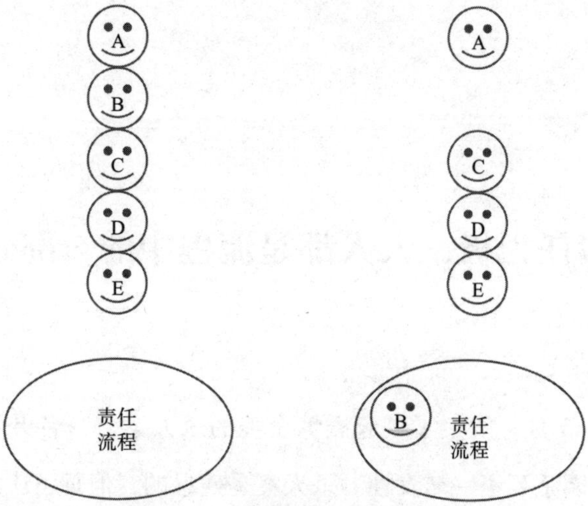

图3-1 “旁观者效应”责任界定

正是基于“旁观者效应”，犯罪心理学家警告大众：当遭遇危险时，如果周围不止一个旁观者，不是盲目呼救，而是指定其中的某个人，将指定者从旁观者中分离出来，使其无法推卸责任，如此获救的机会将大增。

在企业环境中这一点同样适用，尤其在流程执行过程中，若没有责任约束，就会形成参与者越多越难执行的局面。因此必须将责任“单元化”，所负责任与个体形成无法推卸的绑定关系，干得好与干得不好都由责任人独自承担。

为什么一定要强调责任“单元化”？因为流程通常要多人参与完成，很多管理者会强调“共同责任”，希望通过大家共同负担责任而将流程执行好。这样的流程管理很容易陷入误区，管理者认为，重要的事 = 大家一起做，大家一起做 = 人人都在做；但实际情况是，大家做 = 别人做，别人做 = 自己不用做了。最终“共同责任”会演变为“共同不负责任”。因此，管理者必须走出误区，从确立流程的第一天起就同时确立流程中各项工作的相关责任人。责任划分越详细越好，逐环节确立主要责任人，并敦促主责人在其监管范围内进一步确立任务责任人，逐级推行下去，直至将各项工作的责任人全部明确。

在此还要强调一点，很多管理者也有明确工作责任人的意识，但总是推行不到位，原因在于“求根不求梢”的心理，总是将各环节中有一定重要程度的工作的责任人加以明确，对那些看起来不重要的工作不指定责任人。

这种只为某些工作制定责任人的做法就是“责任有极”，但流程的执行需要流程中所有部门和人员的共同努力才能实现，任何环节出现问题都可能会形成“蝴蝶效应”，引发海啸般的后果。一匹战马的马掌没钉好影响一场战争的胜负，一颗飞机机翼上的螺丝钉没有拧牢固扰乱整个机场的起降秩序，一处宇宙飞船上的焊接点不够弥合毁掉了一次举世瞩目的航空计划，一名检验人员的马虎检查导致一座核电站与一座城市顷刻间毁于一旦……在这些大计划的流程中，一名马夫、一名维修员、一名焊接工、一名普通的检查人员恐怕永远不会引起注意，但他们的责任心缺失后会引发极大的不良后果，很多后果几十年后仍令世界谈之色变。

所谓责任到人就是推行“责任无极”，每个人都是流程中的一部分，都应承担各自岗位所肩负的责任。比如现在很多商场中卫生间的卫生负责人都标写明白，哪一天是谁负责，哪个时间段谁负责，在某个时间里卫生间卫生不合格就由负责人承担。虽然卫生间的保洁员在整个商场是很不起眼的人，但也同样承担着商场正常运转的责任。

总之，责任是不能以岗位重要程度划分的，因为在责任面前，任何岗位都是平等的。只有每个岗位、每名负责人都兢兢业业，整体流程才能正常运转。

第四章 服务管理：从被动服务到精益服务

服务不是交易的附带品，而是交易的一部分，因此服务应该从被动附加转变为主动精益，让服务成为交易的加分项。具体做法必须从对消费者负责开始，观察消费者，感知消费者，制定对消费者最有益的流程，重视消费者反馈。

观察消费者，绘制流程图

长期以来人们认为服务消费是被动行为，当消费者来消费时，服务才产生。经过消费体验和服务理念的不断提出与改进，服务逐渐从被动进阶为主动，不仅在于消费者有消费心理时引导消费者将想法变为现实，还在于通过服务激发消费者的消费欲求——消费者没有消费欲望时通过服务将“无”变成“有”。这个过程是从主动消费到精益消费的进阶，是服务管理的最高层次。

想要做到精益服务，首先要对消费者进行观察。长期形成的管理模式中并没有对消费者的观察，如今很多管理者仍然习惯于在会议室或办公室里讨论消费者心理和行为，但多年来的经验与教训告诉我们，只有在现场才能创造价值。

这里所指的消费者现场并非具象的消费者与服务方所处的解决问题的地点，而是消费者解决自己问题的路径。其实人人都会走上这条路径，因为每个人都是消费者，反而扮演服务者的机会很少。观察消费者，就是要放低姿态，以模拟消费者的心理走上这条路径，通过将心比心的、与实际结合的观察，了解消费者解决问题（与本企业相关）的所有步骤。在此过程中我们会免不了产生质疑，“为什么这是必不可少的”“为什么大部分消费者都这样认为”“为什么在某一步上通常做的不尽如人意”，这样的追问会不断产生。

有了问题就会想要得到答案，有了想要得到答案的想法，就会付诸行动去寻找。如果不进行消费观察，就无法产生一连串的良性反应。关于如何进行消费者观察，我们通过一次消费者修车之旅详细阐述。

一天上午，肖恩·瑞克要驾车去购物，发现皮卡车仪表盘上的“检修发动机”指示灯突然亮起，这是大问题，他需要到一家汽车维修店解决。是上次买车的那家4S店吗？这家店曾经坑过他。是附近销售同款汽车和提供维修服务的其他4S店？价格会高一些。是一般的修理厂吗？如果那里没有最新的配件或不了解车型怎么办？经过与几家目标维修店的数次电话沟通，瑞克决定去另一家4S店。

先是预约和提供车辆基本信息，因为他是新客户，这家4S店没有他的车辆维修史信息。来到4S店后，瑞克需要在服务台填写个人与车辆信息表格，并描述车辆问题。4S店人员经过评估，告知瑞克不能很快修好，车辆需要暂时停放在店内。但下午瑞克得去上班，4S店同意提供借用车，但要等待，因为借用车要从停放地开过来。此时距离上班还有段时间，没有迟到，但购物的计划被迫搁置了。

在上班期间，瑞克接到4S店电话，告知问题已找到与解决该问题需要支付的费用，但同时告知因为店内没有所需零件，要临时发货，车辆要到第二天才能修好。瑞克同意了4S店的建议，借用车可在车辆修好后归还。

第二天下班，瑞克到4S店取车，重新填写表格并支付了费用，同时交回借用车。在等待一会儿后，他的皮卡被从远处存放维修车辆的区域开回。在现场确认过“检修发动机”指示灯不再亮后，瑞克开车回家。

事情到此，整个消费流程完成了。虽然过程中因相互不熟悉导致汽车维修时间后延，但全程还算顺利。如果将瑞克修车的过程以消费流程图的形式呈现，会更加直观（见图 4-1）。

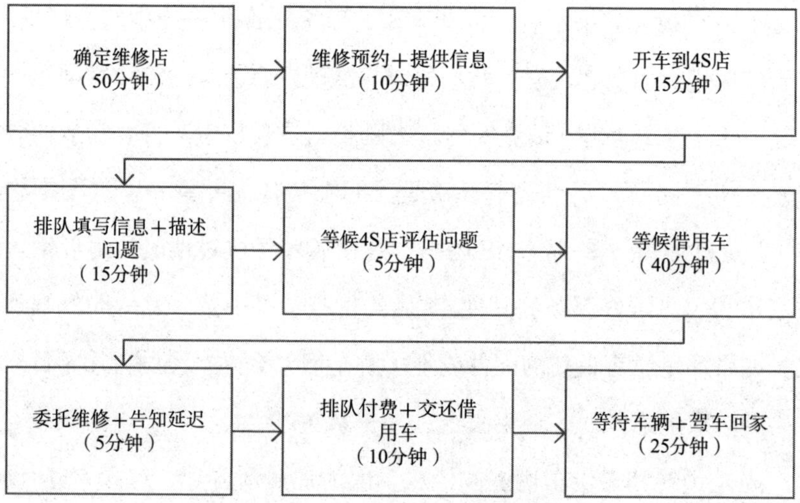

图4-1　瑞克修车的消费流程

第二天清早，瑞克准备上班时发现“检修发动机”指示灯又亮起来，4S 店没有解决好问题，必须进行返修。因为瑞克已经支付了维修费用，这次维修流程相对简单一些。他再次与该家 4S 店预约，开车前往，经过维修登记和办理借用车手续后，上班又一次迟到，在当天晚上取车回家。（见图 4-2）

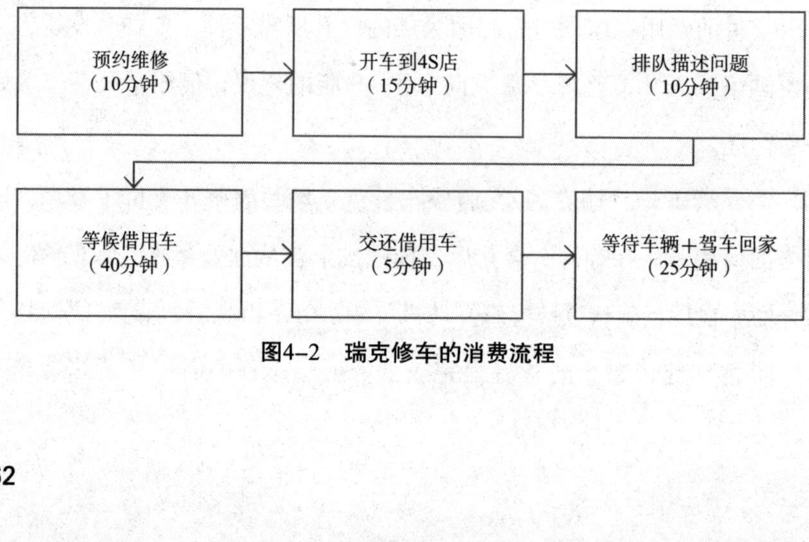

图4-2　瑞克修车的消费流程

观察消费者的目的：一是了解消费者在消费过程中的心理期望值和期望点；二是清楚给消费者提供的服务质量，包括所用时间、环节设置、等待情况、最终效果等。

在瑞克修车的消费流程中，瑞克的心理期望点很容易发现，就是修好车。他的心理期望值其实并不是很高，因为对之前买车的4S店的不信任，所以对现在的维修店也没有特别高的期待。

那么，该4S店给瑞克提供的服务质量如何呢？

先是所用时间。第一次维修时虽然每个步骤用时不多，但累加起来将近3个小时，确定维修店的50分钟是消费者自己花费的，其余两个多小时都是4S店的流程耗用的。第二次维修所用时间为1小时45分钟，虽然消费者已经了解各个环节，并在前一次修车时经历过，但很多环节还是重复出现。通过图4-1和图4-2的时间呈现可以看出，两次修车中耗时最多的是等待（等待借用车和等待维修车），如果能更好地解决等待时长的问题，会极大提升消费体验。较好的办法是变更借用车辆和维修车辆的停放区域，路程最好不要超过10分钟；也可以通过消费者提前告知而将车辆预先提出，减少消费者等待时长。

总之，涉及消费步骤与绘制消费流程图的目的，是帮助流程制定和执行人员更好地观察消费者，以便及时发现流程中隐藏的问题。

感知消费体验

无论从哪一个角度看，这一节都应该放在本章之首，先有感知，才有理解，再有行动。但感知是从哪里来的？必须建立在一定行动的基础上，通过对行动的分析，进而对行动本身有所感悟。消费体验就是从不断的对行动的感悟中获得。

在此我们仍然借用肖恩·瑞克修车的流程分析什么是消费体验，以及感知消费体验。该4S店设计的流程显然没有考虑客户的情况，只是针对如何让店内维护更加容易列出了维修汽车的常规流程。比如面对新客户的流程中，有预约提供信息和到店填表描述问题的重复性环节，又有等待借用车和等待已维修车辆的长等待期环节，客户的时间和精力被空消耗，4S店则在流程中获得了从容的处理时间。

一个只对流程制作方具有高价值的流程是不合格的，还要考虑客户方在流程中的利益。因此我们需要给流程的各环节增加额外的衡量指标，最直观的做法是考虑每个环节的价值。价值体现的方式是消费者愿意为之付出金钱、精力的活动，因为这样的活动在消费者眼里是能够解决问题的。

带着这样的目的我们回看瑞克修车的流程，看看其中每个步骤的价值。

寻找合适的维修地点是必须做的，但耗费的时间或许有些多（浪费的原因很可能处在维修方，因为都存在各种低价值环节）；维修预约与提供信息也是新客户必须做的，但也不需要耗费10分钟（而且收效甚微，基本就是了解客户与其车辆的基本信息）；客户到店后要排队填表描述问题，表格上的信息4S店不应该在客户预约时就获得吗？排队付费有些让人看不懂，为什么不能为结账预留单独通道呢？等候借用车和等候维修车是流程中最不能忍的环节，为什么停放地点不能尽可能近一些？为什么不在店铺周边暂停几辆借用车？为什么不能提前同客户约定？

与第一次维修相比，第二次维修虽然所用时间较短，但浪费客户时间的情况更严重了。因为是返修，客户本不需要再预约和说明问题，但4S店的流程依然要求客户这样做。等待借用车与维修车和第一次所用时间相等，说明4S店方面没有将为客户节省时间放在首位。更为重要的是，应该在第一次维修时就完全做好，二次返修对于任何消费者来说都是没有价值的。既然如此，4S店方面为什么不考虑退换部分维修费用作为补偿呢？

4S店维修的消费流程并不复杂，其实很多服务性流程都不复杂，只需粗略分析所设计的消费流程，就能发现其中隐藏的问题，建立更健全、一次合格的消费流程。

但为什么依然存在等待、重复和浪费的情况呢？最简单直接的答案是不够重视消费者的时间和精力，然而服务的高价值就体现在消费者的认同中，一旦消费者意识到了怎样的服务能为他们节约时间和精力，就会毫不犹豫地靠近。还有一种情况是，很多服务流程的设计管理者虽然明白为消费者节约时间和精力的重要性，但不知道从何处着手。其实导致对消费流程认知不清的一个很重要原因是不了解消费者真正需要什么。

消费者需要的，最根本的是解决问题，大多数人也是为了解决问题而消费的。消费者的问题可能是一些生活中的小问题，如购买一款学习教材、与朋友相约聚餐等；或者是一些影响生活品质的大问题，如购置房产、更换车辆等。人们之所以在意这些产品和服务，主要是因为消费得到的产品和服务能为自己的生活带来改变。改变如果符合心理预期，说明解决了问题，否则就是未能解决或未完全解决问题。由此可以得出结论，消费行为必须要能解决实际问题，本着这样的理念去设计流程，就能变换身份站在消费者的角度思考，设计出符合消费者心理预期与更高效解决实际问题的流程。

怎样界定流程是高价值还是普通呢？不是看流程是否面面俱到（过于全面的流程从来都不是好流程），而是看流程执行过程中能否为消费者节约时间和精力。随着社会发展的加快，我们好像拥有了更多的东西，但唯独时间在逐渐减少。因此，在流程的对比中，能够充分利用个人时间和精力去获取价值，既是人们的重要目标，也是衡量流程价值的重要指标。

流程在设计时还应考虑解决的地点问题，不能让消费者成为流程的跑腿者，而应该在流程中设置更方便的解决方案。瑞克等待借用车的时间过长，有人提议是否能用车将瑞克送到车辆停放处，那样瑞克的等待时间会减少一半。这样的提议没有充分考虑消费者的意愿，消费者是否有时间亲自去提车？消费者是否愿意花费更多精力开车回到公司？而且为消费者提供借用车本就是4S店的服务项目之一，为什么要让消费者自己服务自己？4S店应该考虑的是如何减少消费者的等待时间，并且保障消费者不浪费精力。

消费需求中一个较为重要的项目是，消费者希望能减少需要解决的问题。但问题就存在于那里，如何减少呢？最简单的办法是将问题打包，为消费者提供“一条龙服务”，只要是与主要问题相关的其他所有问题都包含在内，如装修公司承包工程之后，客户只需要在规定时间内收房就可以了，屋内各处不仅装修完毕，连保洁工作都做好了。将消费基本单元从大量的个人项目整合成为几个大型的集成解决方案，对流程将是重大飞跃，对被服务的消费者也是重大利好。

流程决定耗费的时间

在进入正式探讨之前，先来看一个普遍存在的现象——“消费者的时间是不值钱的”。所有服务提供者从来不会明说，但在现实中却随处可见。比如排队，这是文明的体现，但文明的指数并不由排队的长度决定，相反排队越长只能说明服务越不到位。看看现实中的机场、医院门诊、咨询台，以及网上的购票通道、客服热线等，消费者总是在排队，即便不耐烦也无可奈何。

随便提两个问题：让消费者等候是否会减少服务提供者的工作量？如果让服务提供者为消费者的等待按时付费，是否还会存在长时间排队的问题？

这两个问题的答案，前者是否定的，后者是肯定的。

只有极少数实在等不下去的消费者才会离开，也就是说消费者排队等待不是因为想要排队，而是必须排队，因为想要解决问题。让消费者排队看似对服务提供方更有利，因为是消费者在耗费时间和精力，那么与之对应的服务提供方就会受益，但现实并非如此，管理排队（现实或网络中）需要服务提供方配置更多的资源，做更多的工作。

第二个问题的肯定回答，不是建立在现实有例可循的情况下，而是凭直觉的感知，就像有人说的：如果让两名独裁者进入战火纷飞的战壕中，战争将马上结束。只有关乎极重要的切身利益时，人们才会极认真地解决问题。试想，如果航空公司被规定必须从为占用旅客的每一分钟支付相应费用，航空公司一定会动用最好的技术和设计最高效的流程来尽量减少这部分支出。将该承担的责任推给航空公司后，旅客进入机场到登机的时间会不会极大缩短呢？旅客还需不需要提前一两个小时到达机场呢？旅客是否还需要在候机厅长时间等待呢？

消费者时间被大量浪费在一些没必要的环节上，目的只是让服务提供方能有更充足的时间实施流程。

减少时间的浪费是否只对消费者有价值呢？我们通常会在客户服务区看到一些工作人员无事可做，并非他们懒惰，他们或许是在等待之前的流程执行完后，流程中分配给自己的任务的到来；也或许是在等待从其他部门取走所需的配件、工具、资料，以便为终端客户提供服务。这些员工的等待对于企业来说就是时间成本的浪费，如果能借助流程尽量消弭员工的时间耗费，对企业也将大有裨益。

但现实中很多流程的设计并未考虑这点，时间耗费的情况大量存在，仅是提升流程中的某一个或某几个环节，并不能根本性解决问题，或许还会带来更大的风险。比如，某医院为加快工作进度，要求电脑客服热线和医疗设备提供商实验室的工作人员加快工作节奏，但最终不仅没能提升工作进度，反而因为医疗设备供应商的供应进度与医院的医疗设备需求数量不能契合，引发某些医疗设备供应不到位的情况，险些酿成医疗事故。

因此，想要从流程上解决时间耗费的问题，关键是要了解消费和服务的流程，明白为什么需要消费者和服务者同时耗费那么多时间，找出症结，对症下药。

为了便于理解，我们依然借助前面提到的肖恩·瑞克修车的案例。

在图 4-1 上，瑞克修车的第一步是寻找一家维修店，他花费了 50 分钟，按照常规理解，只是打电话咨询，为什么要花费近 1 小时？其实在这个步骤中包含了好多次电话排队的情况，每咨询一家维修店就会被通知排队，在接通之后还会因为相同的问题反复说明。这种排队等候能在一定程度上带动员工的工作进程，但工作分配却毫无灵活性，长久执行的结果是员工为了缩短排队长度而仓促工作，导致与用户沟通不到位。

在经过反复衡量确定一家维修店后，瑞克进入了修车的第二步——预约和提供信息。由于客服人员掌握的相关技术和知识并不比瑞克多，所以提供信息只停留于表面，电话预约近似一次序号发放。该了解的关于车辆的问题几乎都没有问，即便有所询问，因为储备的知识量不够，也难以传递到维修技师那里。

当瑞克驱车赶到 4S 店后，又要在服务台再次排队，因为他要提供车辆的相关信息并描述车辆的问题。导致二次排队的症结就是预约阶段没有收集必要信息，更没能预先诊断汽车的问题。这样直接导致用在每名客户身上的时间更长，队列在不知不觉中形成。

等待4S店评估汽车问题是整个流程中较快的环节，但因为前期占用时间太多，这一环节的时间优势也无法体现。在此期间需要进行车辆维修登记和车辆存放登记。

接下来瑞克开始等待提取他在维修期间可以使用的借用车，一共耗时40分钟。4S店的理由是无法预测哪些客户在什么时间会用到借用车，而且不能将车辆就近停放妨碍交通和其他车辆停放，因此只能将借用车停放在距离店铺较远的停车场，需要的时候可以派专人开过来。在等待期间，瑞克又办理了借用车使用手续，4S店则给车辆维修做出初步估价，告知瑞克如果维修期间产生其他维修项目或费用会及时通知他。

当因为缺少零件而不能在当天维修车辆时，4S店临时增加了流程环节——告知客户延迟。他们给瑞克打电话说明情况，征得同意后开始联系零件上发货，然后确定零件到货时间，同时进行车辆存放。待到维修零件到位后，维修技师将车提回进行维修，修理完成后重新将车辆存放。看似一句轻描淡写的维修过程，却蕴含着流程设计的关键问题，即是否为创造实际价值的技术人员提供足够的支持。4S店的维修技师需要4个条件才能完成任务，包括放有车辆的维修车间、工作所需的工具、工作所需的配件、实用工具和配件所需的知识信息。部分工具和少数常用配件在维修车间内存放，维修知识储存于维修技师的大脑中。但还有一些工具和许多配件或更深的知识并不是随时都能获得，因此很多时候维修车间总要等待工具、配件或相关知识到位后才能开始修车。如何才能到位呢？通常是维修技师在检查车辆问题后，要么去工具库、配件处自取，要么要求工具库或配件处人员送来。但因为工具库和配件处的管理人员并不知道维修技师会在什么时间提出需求，维修技师只能等待。而且一旦维修车间有空位出来，待维修车辆需要从停车区域提出来再送到维修车间，这也是等待时间。造成这种时间损耗，表面看是车辆的维修时间不确定，但其实质则是流程设计不到位，没有形成“鱼咬尾”似的工作连续性。结果就是维修工作经常会出现没有创造价值的昂贵等待，客户在这个过程中也耗费了时间、精力，甚至是金钱。

在与4S店约定的修理完成时间去取车时，瑞克进行了在该店的第三次排队——支付维修费。因为需要交回借用车，瑞克再一次填写表格。

最后一步是等待自己的车辆被取回，因为停放的距离比借用车的停放区域近，这次等待了25分钟。但这样的等待也是没必要的，4S店可以在客户来取车之前确定时间，在客户到来之前就将车辆取来。

通过上述分析可以发现，瑞克的修车流程是8个步骤，而4S店方面给瑞克修车的步骤不止8个，其间还有很多环节（见图4-3）。

如何创建节省每个人时间、精力和金钱的服务流程呢？下面借助瑞克修车案例解读需要调整的环节。

首先解决排队问题。根本原因是客户的需求千变万化，但4S店员工的岗位却是固定的，不能随着工作量的变化而调整岗位。应对方法可以培训员工多掌握些相关技能与知识，在需要的时候可以随时调派员工到工作量大的岗位上应急。当客服人员的技术能力和知识水平提升之后，与客户的交谈将随之深入，并能够为客户、车辆和工作建立准确的档案。聊天的过程也是相互接近的好机会，客户不仅会感受到客服人员的热情，还会对客服人员的专业知识深入内心，进而对所选维修店增加放心感。

对于客户车辆的问题类型需要进行分类，主要以维修时间为划分方式：客户稍作等待就可以完成的简单维修养护，客户需要一段时间等待能够完成的复杂些的维修养护，需要经过数小时才能完成的维修，需要等待到隔天才能完成的维修。

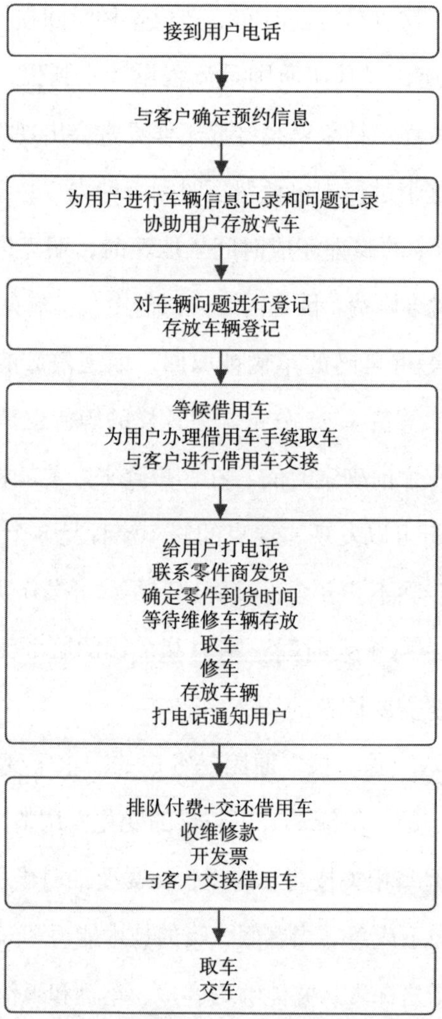

图4–3　瑞克修车过程的4S店流程

分类有助于 4S 店对待维修车辆统一规划：能快速修好的立即进入维修序列，并让客户进入等待区，告知客户所需的大约时长；需要等待一段时间的要争取客户意见，是留下等待还是暂时离开；对于需要暂时离开或晚上才能取车的客户，应及时准备借用车，尽量在客户办理完车辆维修和存放手续后能立即使用借用车，或者只是经过很短时间的等待即可。将等待的时间尽量压缩是考验流程设计与执行的标准之一，流程设计得好，能够对等待环节有预见性，就能减少等待所需的时间。

与此同理，在客户交回借用车、等待自己的车辆时，同样应提前与客户确认到店时间，在客户到店之前将客户的车辆提回。在客户办理完交接手续后，能够立即开车离开。等待是让人心烦的，等待的时间越长，客户的消费体验就越低。

流程到位，可以将两次等待取车的时间（等待借用车用时 40 分钟，等待取回自己的车辆用时 25 分钟）简化为两次车辆交接的时间（仅是办理交接手续即可，两次合计用时不会超过 5 分钟）。

通过上述说明，可以通过粗略计算得出客户修车的用时大为缩短。将客户花费的时间尽可能地缩短后，就会发现流程中用来创造价值的部分占总时间的比例反而提升了。

工作人员需要什么

创建节省个人时间的精益流程不仅对企业外部的客户有益，对企业内部员工同样有益。每个人工作的目的通常有 4 个：赚钱、社交、被认可、发展机会。员工能够赚到多少钱，不仅由员工的能力决定，也由员工的工作环境决定。

很多管理者并未意识到这一点，认为员工工作不够出色是员工个人能力不足所致，对于员工的工作环境和工作流程是否对员工的工作产生了负面影响却并不关心。再优秀的员工如果被放到糟糕的工作环境或流程中，很快也会变成一群相互指责、工作能力低下的“糟糕人员”。更为糟糕的是，环境和流程通常不会出现改善的趋势，只能越来越恶化，因为员工都忙于相互推诿指责，管理者都将精力消耗在为不断出现的问题做弥补之上，根本无暇顾及环境和流程的改善，或者说根本没有意识到造成这一切的根源在于不良的环境与流程。

所以，糟糕的环境与流程无赢家，从企业管理者到员工再到客户，都在糟糕的环境与流程中越陷越深。客户可以在惊醒之后转身离开，员工可以在被伤害之后毅然离去，只有企业管理者要与不断变懒的企业大船同沉。

作为企业管理者不能对企业内部出现的问题视而不见，要及时跟进、分析、解决，防止环境趋近糟糕。那么，改变糟糕的环境与流程应先从什么入手呢？也就是说是先改变环境，以环境带动流程改变，还是先改变流程，以流程带动环境改变呢？

环境是较为宏观的问题，是很多现象的综合体现，难有具体的切入点。流程是具有针对性的问题，从设计与执行就可以切入。当流程得到改善后，员工就会从“糟糕的流程”中脱力出现，从而以更好的状态投入工作中，经过对流程的逐步完善，员工的工作状态会越发好转，工作积极性也会得到提升，企业环境将随着员工工作状态的改变而改变。

因此，企业的糟糕状态应该从改变糟糕的流程开始，而改变糟糕的流程要从了解员工需要什么着手。

员工需要什么呢？不只是赚到一份工资，还有非常重要的社交参与、被认可和发展机会。社交参与的对象不只是企业内部的同事，还有客户、上下游甚至竞争对手。但前提是能够得到认可，包括企业内部管理者的认可、企业内部其他同事的认可、客户的认可、竞争对手的认可。但这些认可不只是员工依靠个人努力就能得到的，还需要其他方面的协力加持，比如工作环境的促进、工作流程的到位等。

仍以瑞克维修车辆为例，在之前我们一直针对客户的满意程度解读，其实在维修流程中还要考虑员工的满意程度，包括维修技师、接待人员、仓管人员等。

对维修技师来说，诊断故障和养护修理汽车是本职工作，利用精深的知识和复杂的设备解决技术难题，是在行业内被认可和得到发展的通路。接待人员与客户沟通信息和问题是本职工作。仓管人员整理好修理工作和零件是本职工作。但如果让维修技师向客户解释为什么还没修好或者为什么需要返修，让接待人员为那些因排队而不耐烦的填写表格，让仓管人员在手忙脚乱中寻找工具与配件，这些都是有压力的状况，也是根本不该发生的状况。

在上一节创建节省个人时间的精益流程时，就应该阐述精益流程对企业内部员工的好处，以及员工是怎样在精益流程中获得更高的认可度的。但为了讲述更为清晰，我们将员工部分分离出来在本部分讲述。

对于维修技师来说，他们对工作的期望是环节清晰、过程支持和最终完成。因此，应将维修技师的工作进行类别划分，如某维修间负责车辆一般性保养，某维修间负责车辆大保养，某维修间负责近期召回的车辆零件更换，某维修间负责复杂问题的维修。每一项任务采取标准作业，工作流程更加顺畅，而且有利于员工按能力划分工作（高级技师被分配到高难度维修间，中级技师被分配到零件更换维修间，初级技师被分配到保养车间）。维修技师可以通过能力的提升而获得晋升机会，初级晋升中级，中级晋升高级，高级晋升管理层，与职位同样晋升的还有待遇。同样还可以向下流动，如果维修技师因为个人失误引发问题，可根据问题严重性进行处罚，罚钱、降职、开除。

对于接待人员（主要是电话客服人员）来说，他们对工作的期望是客户的认可。当维修的知识储备与处置突发状况的应对能力足够强大时，作为4S店与客户接触的第一道环节，他们的表现决定着客户对4S店的印象，也决定了客户对其本人的印象。但这一切需要建立在流程支持的基础上，如果流程只让客服人员做好信息记录与车辆登记的初级工作，客服人员便没有机会提升自己的专业能力；如果流程要求客服人员详细了解客户车辆的相关问题和信息，客服人员必须进行知识方面的积累。

对于仓管人员来说，他们对工作的期望是得到维修技师的认可。仓管人员根据流程提示将维修所需工具、配件和资料信息在维修开始前送到维修间，其后随着维修的结束与新维修工作的预先提示，随时对工具、配件、资料信息进行调配，该取回的及时取回，该送达的及时送达。

如上所述可知，当流程能够为工作提供帮助，员工的工作状态与能力都将得到提升，企业的整体工作环境也将全面改善。因此，在流程设计阶段除了考虑企业目标、客户需求外，还要考虑员工的需要。只有员工的需要被满足了，员工的工作才能创造更大价值，进而更好地满足客户需要和实现企业目标。

智能反馈运行起来

在这个智能化的时代，任何东西搭上“智能”概念都瞬间高端起来，但究竟有多少实现了智能呢？

很多企业管理者将技术的发展与引入作为企业是否实现智能的衡量标准，但智能不仅体现技能，还要体现“智慧”，就是趋近人类的思维、想法、需求，通过技术发展更好地满足人类的需求。比如火车票实名制，网上购买火车票，刷身份证进站，就是技术发展带来的福利，方便了千千万万的旅客。

但技术运用如果不与消费者实际需求结合起来，就不会真正达到智能化目的。

以与客户接触频繁但往往效果并不理想的客服系统为例。尼桑汽车公司设立客服热线是为了处理客户对经销商的投诉以及解决汽车在行驶中出现的各种故障；微软和戴尔公司利用客服热线处理客户在搜寻、订购、安装、维护、升级产品方面的问题；那些向其他企业提供产品和服务的企业通过客服热线帮助客户维护产品正常运行。

客服系统的广泛运行与商业发展和为客户服务的理念的认可密不可分，随着科技的发展，客服也从传统的面对面售后发展到电话客服、网络客服。但技术发展并不等于服务到位，现实中的客服服务总是与用户所期望的客服服务有很大差距。

企业通常在电话或网页中让消费者通过语音、按键或常规问题选择等方式，尽可能多地自动答复消费者的问题。事与愿违，多数消费者遭遇的问题是自动语音和机器人客服不能回答的，必须接入人工客服，但通常需要等待一段时间，这样的体验与智能毫无关系。

接上人工客服后会怎样呢？消费者认为自己的问题会得到满意答复，但消费者不知道那些负责与他们沟通的人往往是企业里阅历最浅、工资最低的员工，甚至是新晋入职的员工。这些客服人员对企业和产品的了解并不比消费者多多少，在面对消费者五花八门的问题时，他们只能用标准答案回答。在一间大房间里，一大群客服人员带着耳麦，以流水线的方式盯着屏幕，以机械性的语言与身在世界另一端的消费者进行交流，他们的目的与消费者的目的截然不同，消费者希望解决问题，客服人员希望尽可能多地快速低成本地处理问题，因为关系他们的绩效考核。客服系统的管理人员通常在做什么呢？他们会一直盯着墙上的大屏幕，根据上面显示的平均来电等待时间和平均邮件回复等待时间，不断调配资源，使客户等待时间保持在行业可接受的水平。

可见，在整个客服系统中，只有消费者是为了解决问题，另一端的客服人员只是机械性地实现沟通和尽快完成沟通，而企业方面也多是将客服系统作为必须设立的“样子部门”，解决已经能够解决的问题，而不去探究消费者的真正问题。很多企业称为“智能服务”的总是最开始设置的一些问题，从不总结问题和追溯问题，无法快速消除反映同样问题的来电。

其实客服系统的问题还有很多，在此不再列举。不能不说如今已经是智能时代，但经常与消费者直接交流的客服系统却仿佛停留在石器时代，只追求效率，不讲求效果。但客服存在的目的不是与消费者“斗智斗勇”，而是实际地为消费者解决问题。从被动服务到主动服务再到精益服务的实现过程，需要全方位地做到精益。客服系统能够第一时间接触到客户的问题和想法，这种反馈对于企业发展和产品创新是非常重要的。

如何才能实现精益客服热线呢？由于各行业、各企业都有各自的发展和运行规律，因此不做具体讲述，而是将精益客服热线必须具备的几项要点指出，在具体实施时可做参考。

首先，精益客服系统要对人员配备、培训过程和激励方式采用与其他岗位有区别的方式。需要安排一些拥有实践工作经验的员工进入客服部门，对于新进客服人员要进行强度化培训，因为客服人员与其他岗位员工性质不同，几乎不存在适应期，属于即插即用。并且不能以处理数量作为对客服人员的考核标准，而应鼓励客服人员仔细倾听消费者描述问题，尽管这样会花费更多时间，但对于客户是有好处的。考核的方式要以用户是否满意顾客服务为标准，如今很多企业都有在一次顾客服务结束后让消费者打分的设置，但通常设在与客服交流结束后，如果不注意就直接挂断了。让消费者满意必须是真诚的，可以提前提醒消费者在沟通结束后打分，也可以通过发送短信的形式再次询问消费者意见。总之，“只要思想不滑坡，办法总比困难多”。

其次，精益客服系统不能是单独序列，而应与企业其他部门或行业内其他相关企业建立联系。这样做的目的是帮助消费者快速追溯到所反映问题的根源，并且找到最具价值的解决方案。

最后，精益客服系统会在解决消费者问题的同时，为消费者提供产品或服务的新信息，比如告诉消费者从未听说的或者已经忘记的某种软件功能，或者引导消费者找到软件里边缺少的一项功能，并说明该功能的其他功能。只要超出消费者拨打客服热线的期望，就能将一次引发沮丧的问题转变成为一次良好的服务体验，从而彻底扭转消费者对企业和产品（服务）的认知。

总之，精益流程能引导我们朝着实现精益服务的状态稳步前进，即收集每一个“消费问题”的智能反馈，打造极少出问题的流程，一个对消费者、企业员工和企业三方而言最好的流程。

第五章 节点科学：减少重复作业次数

流程是多节点的有序行动，节点与节点之间的衔接流畅度与时间耗损决定了流程的执行效果。因此，合理设置流程节点非常关键，必须删减不必要的节点，提升关键节点的执行等级，防止重复作业次数，以提升工作完整度，避免不必要的耗损。

关键节点的识别、分析与控制

任何流程都由若干个节点构成，节点有关键与非关键之分，关键节点是工作流程中能对整体工作走向产生关键影响的节点，非关键节点则不能对工作走向起到重要影响。流程的节点都需要合理设置，对关键节点要予以格外重视，要在设置的所有节点中分辨出关键节点，还要对关键节点进行相关分析，控制关键节点是流程管理的重中之重。

关键节点具有一些明显特征：

（1）开始节点与结束节点均为关键节点的工作，不一定是关键工作。

（2）以关键节点为完成节点的工作，其总时差和自由时差必然相等。

（3）当两个关键节点之间有多项工作，且工作的非关键节点没有其他内向箭头线和外向箭头线时，两个关键节点间的各项工作的总时差相等。

（4）当两个关键节点之间有多项工作，且工作的非关键节点有其他内向箭头线但无外向箭头线时，两个关键节点的各项工作的总时差不一定相等。

识别关键节点可以把握关键节点的特性，以提高识别的准确率。通过对流程图关键节点的识别，可以提高流程执行者的工作清晰度和工作效率。

但识别流程的关键节点多数不是看图找不同，多数识别流程关键节点需要在设计流程的过程中完成，也就是说，在流程还未成型更谈不上有流程图的阶段时，就应识别出流程的关键节点，然后根据对关键节点的分析筛选，确定关键节点的价值等级（有些关键节点在设计时可降级为普通节点），在设计流程时可做参考。

企业流程的基本要素有四个：活动、活动的逻辑关系、活动的实现方式、活动的责任者。四个基本要素在不同的企业流程中地位不同，但至少有一个是关键因素。通过对这四个要素的分析判断，可以识别流程的关键节点（见图 5-1）。

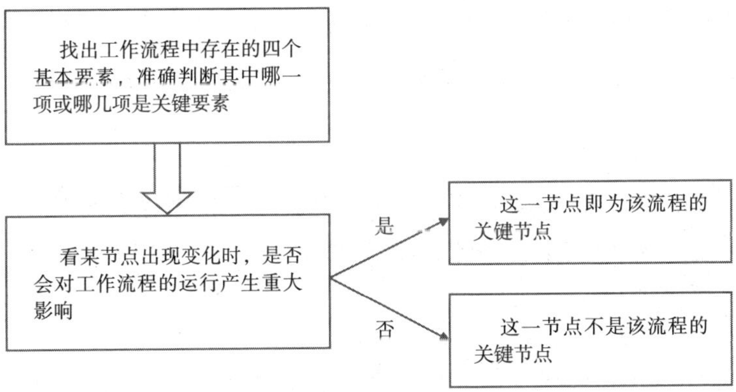

图5-1　寻找流程关键节点的四要素法

一家国有企业公司员工招聘流程分为 10 个环节：用人部门提出招聘申请→人力资源部门复核→最高管理层确定招聘计划→选择招聘渠道→发布招聘信息→选择人员等待地点→面试、观察、提问→确定招聘人员并发送入职通知→签订工作合同→招聘评估。

以上 10 个流程节点组成了完整的招聘流程，那么哪些流程是关键节点呢？

根据图 5-1 的方法可以判断出，活动是招聘流程的关键因素，活动的本身就是招聘，因此所产生的招聘方式和招聘对象、招聘结果将是流程的关键节点。由此可以得出“发布招聘信息”“面试、观察、提问”“签订工作合同”是招聘流程的三个关键节点。如果招聘信息内容不到位、招聘信息出现错误，将严重影响招聘效果；如果面试、观察、提问做得不好，会对应聘者产生不良影响，同样会影响招聘效果；如果所签订工作合同与对应聘者的承诺不符，将会直接导致招聘失败。这三个节点都会对招聘流程的运行、成败产生巨大影响，因此可以最终确定它们就是招聘流程的关键节点。

找到了关键节点当然不是为了欣赏，而是要对关键节点进行分析，得出关键节点执行成功的关键要素，并在要素上予以重点支持。在上述招聘流程中，关键节点为“发布招聘信息”“面试、观察、提问”“签订工作合同”。

将发布招聘信息的工作做好，除了要遵守企业对所招聘岗位的相关规定外，还要让专业人士将招聘信息公布全面，让应聘者能够迅速了解企业自身状况和所聘岗位情况。

将面试、观察、提问的工作做好，需要企业派遣优秀的招聘者去对接应聘者，并在面试过程中对应聘者做出除了学历与技术能力之外的其他方面评定。

将签订工作合同的工作做好，关键不在于人，而在于拟订的合同内容是否符合企业对外宣传的价值观与目标，是否符合对应聘者承诺的待遇水平。

既然流程的关键节点对流程的走向即流程的执行结果具有重大影响，为了保证流程执行的效果，必须对关键节点予以把控，以便更快速地聘用到符合企业岗位需求的优秀员工。

招聘流程中的发布招聘信息是关键节点，必须予以控制。为保证招聘信息的发布时效性与准确性，对招聘信息的发布时间、发布渠道与发布者进行把关。在发布时间方面，及时是第一原则，最短时间将招聘信息发布出去；准确是第二原则，内容的每一句话都要切中实际；在发布渠道方面，正规是第一原则，在人才最集中的网站或招聘会场发布；多布局是第二原则，在多个正规渠道发布招聘信息会提高招聘成功率。在发布者方面，专业是第一原则，高质量的招聘信息需要专业人士执笔。

招聘流程中的面试、观察、提问与签订工作合同是关键节点，也需要予以控制。一方面要认真选择负责面试的专业人员，另一方面要求面试人员事先准备好面试题目。对于工作合同的拟订，需要企业内部进行相关审核，但要建立在公平、公正的基础上，既要维护企业利益，也不能损害员工利益。

从对上述案例的讲述可以看出，流程的关键节点主导着流程的走向，决定着流程的执行结果。任何一个关键节点的执行不到位都将大损流程的整个执行效果，因此必须对关键节点予以关键支持，识别、分析、控制三点缺一不可。

合理设计流程关键节点

流程是基于某一个明确目标而展开的一段持续性的工作，且具有明确的开始时间和结束时间。在开始与结束时间段内，流程将被多个任务节点划分为多个执行段落，目的是执行更为清晰，能准确识别执行到哪个阶段。为了进一步区分执行效率，任务节点会有关键节点与普通节点之分。

关键节点是能够对流程执行起到里程碑式标志的节点，流程内的关键节点不同，工作重点便不同，每个流程阶段的输入资源与输出内容也不同，每个流程阶段所需的技术运用和标准要求也存在差异。

流程管理的重点之一就在于合理设计每一个关键节点。上一节我们阐述了对关键节点的识别、分析与控制，是对关键节点的第一步把控。第二步把控是要正确放置关键节点，但很多管理者并不重视这一步，认为只要找到关键节点然后置于流程之中就可以了，关键节点就会发挥作用。现实并非如此简单，重要的东西若不放在能体现出其价值的位置上，则显示不出重要性。就像把一个价值几万的香奈儿包放在垃圾箱旁，谁还会注意它的价值呢；或者将人才置于限制其能力的岗位上，又有谁会发现人才的潜力呢！关键节点必须放在对流程执行有巨大作用的位置上，关键节点的作用才能最大化发挥。

华为公司每进入一个欧洲国家市场，都采取项目制策略，并建立项目关键节点。华为对关键节点的设置要求非常清晰——项目规划中对整个执行流程的时间管理具有重要意义的因素都可作为关键节点，如目标、业务、生产率、交付期限等。为了能更明确地划分关键节点，以及在执行中对关键节点进行有效掌控，华为通常根据实际情况，按照项目的生命周期，将启动、执行、监控、收尾作为四个基本的关键节点划分方式（见图 5-2）。

流程管理的重点在于建立每一个关键节点，并从执行伊始就着重把握关键节点，实现流程执行的整体目标。

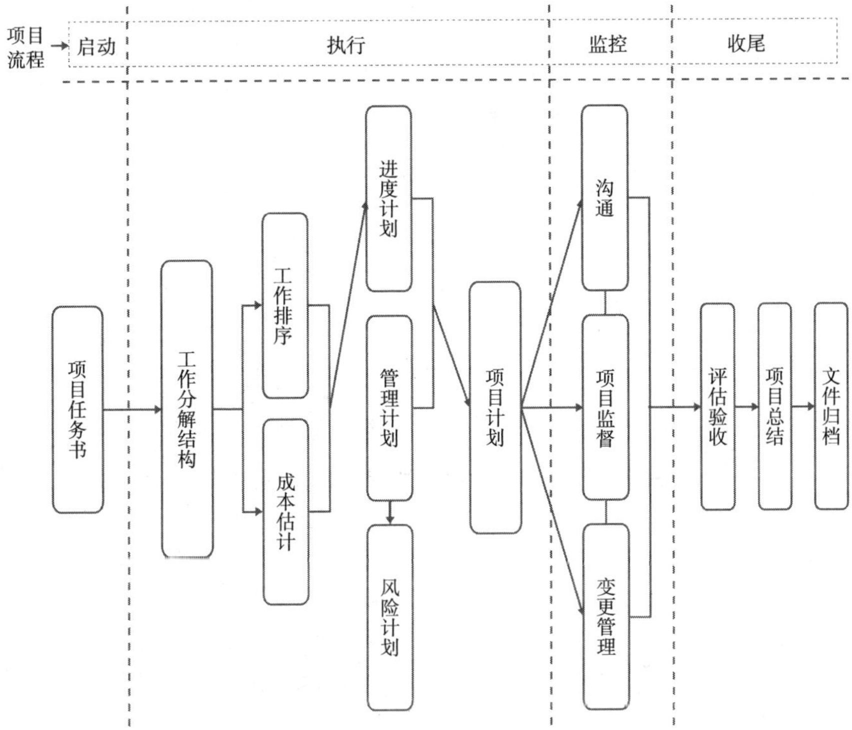

图5-2　项目关键节点的设置基础

华为对关键节点的设置都是在充分审评后确定的。为了关键节点能够顺利执行，华为的常用策略是先争夺普通节点，进而扩展大市场。2010 年 9 月，华为与某新客户达成建设 50 万元线固网的项目合作。合作过程中，客户先后提出两方面问题，为了将客户的反馈落实到位，该项目组人员临时制订了“里程碑计划”。该计划一共分为六步——六个关键节点，每个关键节点都必须落实到位，改计划的最终目的是给客户以满意的回答，并给予流程各阶段工作予以辅助（见图 5-3）。

规范完整的关键节点，是流程快速、准确执行的重要途径，不仅华为内部各项目组经常运用，也是成功企业流程设计与执行的必要形式。下面，将流程关键节点制定和实施通过表格形式呈现（见表 5-1）。

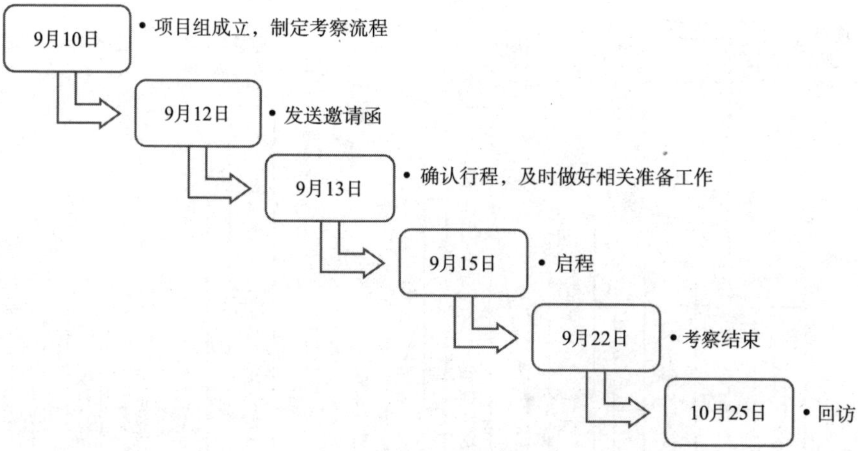

图5-3　华为某项目组的临时“里程碑计划”

表5-1　流程关键节点划分步骤

步骤	核心	具体内容
分析流程步骤	思考流程执行过程，使关键节点划分的可操作性增强	找出完成该流程所需要的所有环节
		将想到的、分析出的环节全部写出，厘清简单思路
		整理各环节，删减重复的、合并相似的
		分析完成这些环节后，按执行的先后顺序将各环节排列好
确定关键步骤	从分析出的所有流程步骤中提出关键环节	对流程的周期、质量、进度、可靠性、安全性有直接影响
		对下个阶段的工作执行、工期起始、资源调配有重大影响
		某个环节资源薄弱、业务不熟练，可能带来麻烦
分配执行时间	明确每个步骤和环节的起始时间和持续时间，确保各阶段任务及总目标能按计划完成	完成流程的总时长确定后，应继续分配各阶段时间
		依据重要度、资源匹配度等因素确定最佳时间

续表

步骤	核心	具体内容
绘制执行计划	根据前面几个步骤确定流程的关键环节和时间后，选取符合流程特征的模板，绘制执行计划	确定好每个关键节点和时间后，绘制具体执行计划的线路
		将相应的关键步骤和时间在模板上标出

将关键节点以图文形式呈现

流程是要给具体执行者以过程指导，因此流程必须清晰明确，严谨周密，环节紧扣。尤其是流程中的关键节点，更要让执行者在看到流程的第一眼便能分辨出来。

之所以要强调这些，是因为很多流程执行者受所在岗位或自身能力所限并不具备大局观，因此不能期望执行者在流程的架构中找出关键节点。同理，流程不够清晰明确，将给执行者带来执行障碍；流程不够严谨周密，会给执行者以空子可钻；流程没能做到环节紧扣，会增加执行者在执行中出错的概率。正因为上述这些原因，流程在执行时，一定还要清晰明确地呈现，单靠一项一项写出来远达不到所需效果，因为文字表达缺乏直观感，也不能凸显环节功能。

优质流程一定是图文并用的，以图形将环节呈现，以文字辅助说明，增加流程图的信息完整性。在企业中，流程图主要用来呈现某项工作的某一过程，既可以是生产线上的工艺流程，也可以是完成一项任务所必需的管理过程或实现过程（见图 5-4）。

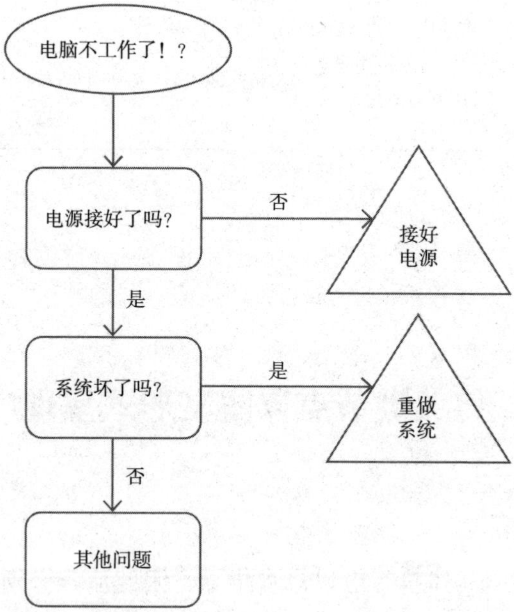

图5-4　流程图的简单表现形式

图 5-4 是非常简单的流程图，执行修电脑的任务。虽然简单，如果不用图形表示，而是用文字表述，看看会是怎样的效果：有一台电脑坏了，不知道什么原因，报请维修！是不是电脑的电源没接好？如果确实没接好，就插好电源。如果电源没问题，就看是不是系统坏了。如果确实是系统坏了，就重新安装系统。如果系统也没有问题，就再找其他原因。

用文字看似也能说得明白，却非常烦琐，有很多是重复性语言。试想，如果是复杂的流程呢？有很多分支的流程呢？用文字表述将会成为灾难。用流程图表达则完全没有复杂感，人们一看就懂，而且层次分明，环环相扣。

在第二章的“绘制实用性流程图”一节中，我们已经阐述了各类流程图模块的意义，在此不再重复，不同图形模块之间以箭头连接，代表模块在系统内的流动方向。各类流程块的运用，取决于具体的流程需要。而流程中下一步何去何从，则取决于上一步的结果，典型做法是用“是”或“否”的逻辑分支进行判断。

分级制定有助于流程图的简练明确。最高层为公司总部级别，中间层为各部门级别或项目组，最底层可细化到部门内的小组甚至具体岗位。从最高层到最底层要以一级、二级、三级……的层级顺序依次展开。

每个层级流程都有其相关含义，制定流程图不能混淆其中含义：

（1）一级流程图——总部级流程图，为企业的预算流程图、事业规划流程图、业务往来流程图等。

（2）二级流程图——部门级流程图，为具体的部门业务流程图或者重点项目组业务流程图，如人力资源部门的用工手续流程图、招聘与培训流程图，市场开发部门的营销管理流程图、渠道开发流程图，仓储部门的产品存储流程图、物流运输流程图等。

（3）三级流程图——小组或个人流程图，为部门内部的小组或具体岗位的工作流程图，如人力资源部门负责的招聘与培训流程下的实地招聘流程图、试用期流程图，市场开发部门负责的营销管理流程下的市场分析流程图或渠道开发流程下的渠道分析流程图，仓储部门负责的产品存储管理流程下的出库流程图或物流运输流程下的车辆调配流程图。

一个企业的流程图大概分为上述三个级别，但应根据实际需要而定，如划分为四级（一级或二级分离而来）、五级（二级或三级分离而来）。

但流程级别不能过多，因为过多的流程相当于人为增加管理层级，管理渗透度不够，官僚主义滋生，将严重影响流程的执行效率。因此，建议在没有绝对必要的情况下，流程的级别以超过三级为宜。

减少交接，提升工作完整度

田径比赛中的接力赛非常具有挑战性，挑战的根本不在于人数的增加，而在于随时会爆发危险的交棒环节。在一些重要比赛中，有的队伍中的 4 名运动员的成绩都是世界顶级水平，该队自然成为大赛夺冠热门。但越是这样人们反而更加担心，大热情况下如果压力过大导致交棒环节失误，将严重影响成绩。世界比赛不乏先例，几名顶级名将的队伍因为一次交棒不够顺利最终未能夺冠。

这就是交接的压力，因为会增加错误发生的概率。工作中也是如此，交接的次数越多，出错的概率越大。英国剑桥大学的学生曾进行过一次实验，目的就是研究多交接情况下的工作完成状况。学生们在两家企业分别找到 6 名工作人员，要求其中 1 人独自完成一项工作，另外 5 人以接力的形式完成一项工作。实验结果表明，两名独自工作的员工以零差错的表现顺利完成了工作任务，而两组 5 个人完成接力完成工作的员工过程中都出现了一些小错误。其实，这 8 名员工都是企业内的熟练员工，通常不会出现问题，但因为是接力完成工作，在交接时因为阶段工作分配不够清晰，加上相互之间沟通不够明确，出现了重复作业和忘记作业的情况。

这就是为什么在设计流程时都会强调减少流程交接的原因。流程中交接过多，会将流程切割得过于细碎，员工在执行时很可能因为交接失误而导致工作出错。因此在设计流程时，必须减少交接，以提升工作完整度。

A 公司与 B 公司因为需要频繁接待全国各地的客户，制定了各自的机场接待客户的流程（见图 5-5、图 5-6）。

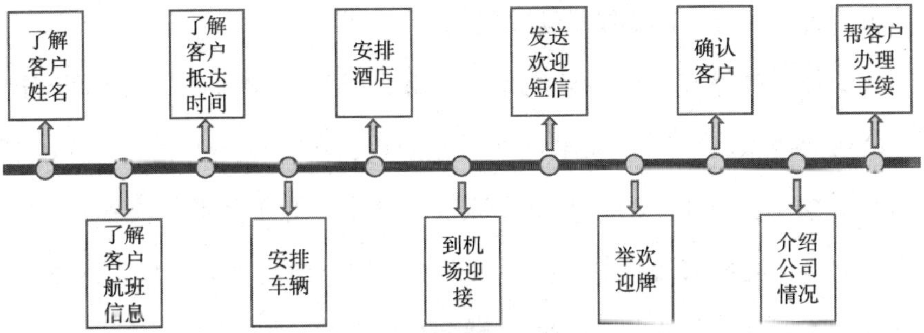

图5–5　A公司接待客户流程

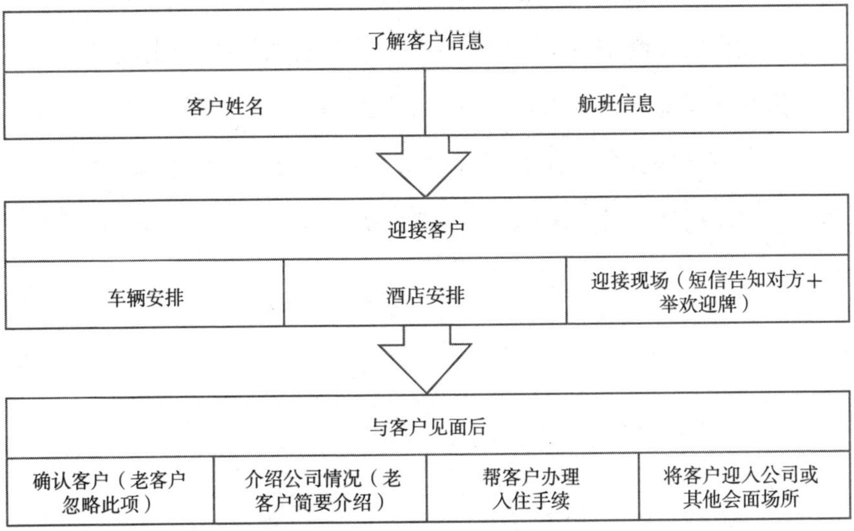

图5–6　B公司接待客户流程

A 公司的流程看起来没有问题，按步骤执行就能完成接待任务。但关键是过程中的交接太多，每一步都非常详细，整个流程被切割得非常细碎，比如“了解客户姓名”与“了解客户航班信息”“了解客户抵达时间”综合看就是一个问题——“了解客户相关信息”。这种形式的流程在执行时会让执行者感到很不舒服，就是做一件小事就要停顿一下，工作时长将被人为拉长。如果派多人去执行线性流程，很可能会出现执行遗漏或执行重复的状况。由此可见，流程执行必须减少交接，将小环节整合为大环节，让工作避免碎块化。

B 公司接待流程与 A 公司如出一辙，但 B 公司的接待流程图却比 A 公司简练很多，A 公司有 11 个环节，B 公司只有 3 个环节（各环节内有对象小任务），交接由 10 个减少为 2 个，等于降低了流程执行难度。而且简化后的流程更容易形成框架结构，当流程关键节点清楚后，其他任务可以嵌套进去，企业在流程管理上更容易形成复制效果。

工业自动化会替代手工作业，除了生产速度快外，还能做到标准统一。流程的复制是面向管理标准和作业过程的规范，，避免了业务在运转过程中随着个人意志而转移，也减少了发生错误的概率。就像上述接待流程，因为每一次的接待对象不同，遭遇的情况不同，只要以图 5-6 的流程为框架，具体执行时进行变更填充，就能完成接待任务。

确定流程的执行等级

给工作设定流程是为了增强工作执行的顺序性和逻辑性，因此流程设定需要符合一定的前提条件。

首先是简练。流程起到规划与提醒的作用，为员工指明现阶段的工作任务与下一阶段的工作任务。基于这一点，有的流程图只列出主业务线，有的流程图在主业务线上列出重要的分支业务线。

其次要厘清主线。流程必须至少有一个主干作为支撑，主干是业务执行的主过程。

再次要分展副线。流程中的主线上会附带若干复线（少数主线没有副线，少数主线只有一条副线），副线的分展依照重要程度或者出现在主流程图上（重要的），或者单独列出（一般的）。出现在主流程图上的也需单独再列出一份，方便执行者参照。

最后是考虑优先级。主线流程是按照任务顺序排列的，但遭遇紧急或突发状况时，则按照任务的关键、紧急优先级方式临时排列。

在现实中，一些企业的流程图却没有依照上述原则制定，呈现出来的效果是，乍一看“密密麻麻”，仔细再看“庞杂繁复”。对执行者而言，看着烧脑的流程图是没有实际意义的，只有对工作能带来指导价值、描述准确、简洁清晰的流程图才具有价值。合格的流程图一定具有赏心悦目的美感，其间线条交错、层级错落，反映了设计者对工作流程的良好把握。

想要达到这种级别是不容易，除了设计中常规要考虑的工作流程会涉及的不同部门、不同岗位、各类资源调度与人员分配外，还需要考虑流程执行过程中出现的意外状况以及随时会变更的工作紧急程度和先后顺序等。哪项紧急程度提升，哪项紧急程度下降；哪项优先级前提，哪项优先级后置，需要在流程执行过程中得到合理规划。这些突发状况都是设计流程期间难以预料的，因此在设计流程阶段不可能提前防患，但可以预留相关接口，若有突发状况出现，立即落入接口中展开执行。具体方法可以参考以下三点：

（1）确定工作的紧急程度。比如流程执行过程中，D 任务因为突发状况导致紧急程度前提，但在流程图中 D 的位置排在 B 和 C 之后，B 任务可以拖后解决，C 任务则也需要尽快完成，此时可以先从 B 任务中调派人力到 D 任务，加强 D 任务的执行力量，但不能影响 C 任务。B 任务可根据实际情况，或者有人留守继续执行，或者先行停滞，无论怎样都要在 D 任务解决后，调派人手解决 B 任务。

（2）确定工作的先后顺序。此时不涉及任务的紧急程度，只是正常完成任务的流程顺序，需要从任务的整体性考量，有条不紊地逐次完成。

（3）确定执行岗位的相关责任。先搞清岗位执行的等级，是授权岗位、主持岗位、支持岗位，还是协助岗位，每种岗位所肩负的工作任务性质不同，所承担的责任也不同。还需要确定各岗位等级之间的相互联系，以保证执行的顺利进行。

流程图中最高级的是该流程执行团队的最高负责人所承担的任务，

最低级可以是具体任务小组所承担的任务，也可以是具体责任人所承担的任务（见图 5-7）。

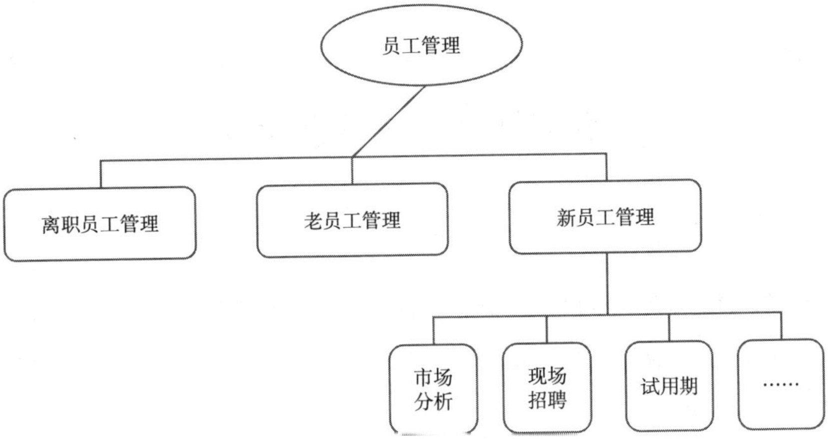

图5-7　流程分级

图 5-7 所示流程中，负责“员工管理”的是本流程的最高级别执行者，负责“离职员工管理”“老员工管理”“新员工管理”的是中间级别执行者，负责“市场分析”“现场招聘”“试用期”等是最低级执行者。

流程图的每级之间环环相扣，上一级流程中的每一个节点都可以演化出一个完整的分支流程（“离职员工管理”与“老员工管理”同样具有分支，图中未呈现）。比如“新员工管理”节点演变出下一级流程，既可以单独表示，也可以如图 5-7 所示结合在一起表示。如果实际工作有需要，还可以继续向下演变，比如“试用期”可以作为节点演变出“入职培训”“工作状态审查”“综合评价”等。

变直线序列为并行序列

在讨论直线序列和并行序列之前，先来看看序列对做事的意义。

比如，想泡壶茶喝。实际情况是：火已经生了，开水没有，水壶、茶壶、水杯都没洗，茶叶有。

A 的做法：洗好水壶，装水烧水，水开之后洗茶壶、茶杯，找出茶叶，泡茶喝。

B 的做法：洗好水壶、茶壶、水杯，找出茶叶，装水烧水，水开后泡茶喝。

C 的做法：洗好水壶，装水烧水，同时洗茶壶、茶杯，找出茶叶，水开后泡茶喝。

哪种做法最省时间？C 的做法最好，等水开的时间做了其他事情。借助泡茶只是引子，可以引出流程管理等方面的问题。

流程制定需要先找出开启流程执行的“开关”，也就是不执行某项工作则其下工作都不能展开。泡茶例子中，洗水壶就是“开关”，水壶不洗，不能烧开水，没有开水就没法泡茶叶，因此洗水壶就是开水泡茶的总前提，它们的相互关系可以参照图 5-8。

在图 5-8 中，烧开水与洗茶壶、洗茶杯、拿茶叶是并列状态，这 4 件事在同一时间段内完成。这就是流程设计中的并行序列，将相互不干扰的工作从直线流程中分离出来，单独工作或者形成单独工作流程，待到几项工作都执行完毕，最终回流到总流程继续执行。

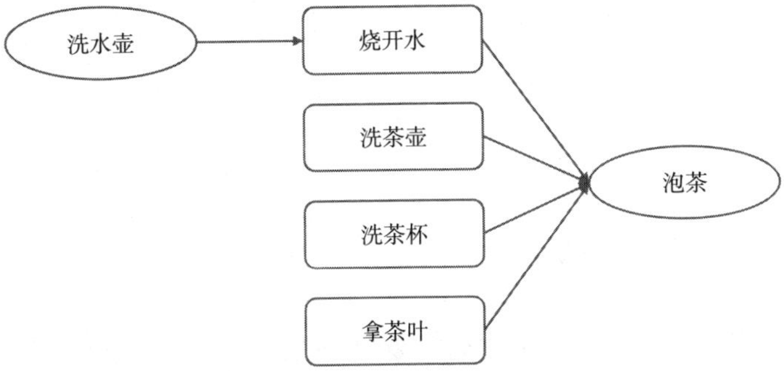

图5-8　泡茶流程

但很多流程在设计时没有考虑采用并行序列，认为流程就应是直线序列，一样做完了再做下一样，如此将耽误大量时间，严重影响流程完成进度。能够并行的流程就要尽量捏合在同一时间段内，即便各自所用的时间不同，但仍然是最节省时间的方法。比如某一流程中，B、C、F、G 任务分别耗时 1 小时、2 小时、3 小时、4 小时可完成，它们之间没有纵向牵制关系。如果这 4 项任务直线序列完成，将耗时 10 小时才能完成；如果这 4 项任务并行完成，以用时最长的任务为时间节点，最多耗时 4 小时即可完成。

由此可见，在条件允许的情况下（同属于一个主流程下，又没有相互牵制的任务，）采用并行序列比采用直线序列流程的执行效率要高（见图 5-9、图 5-10）。

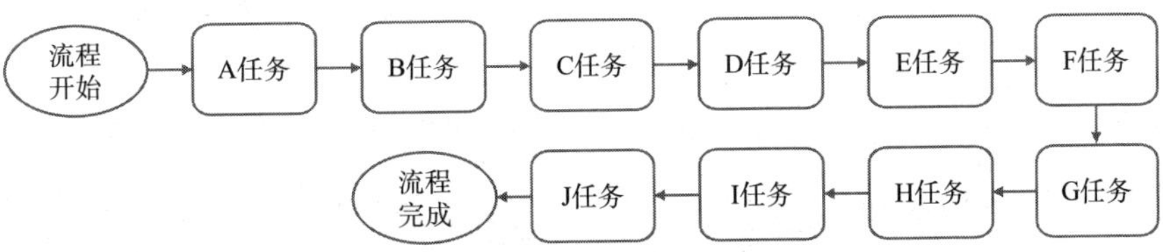

图5-9　流程的直线序列（假设各任务自身没有分支任务）

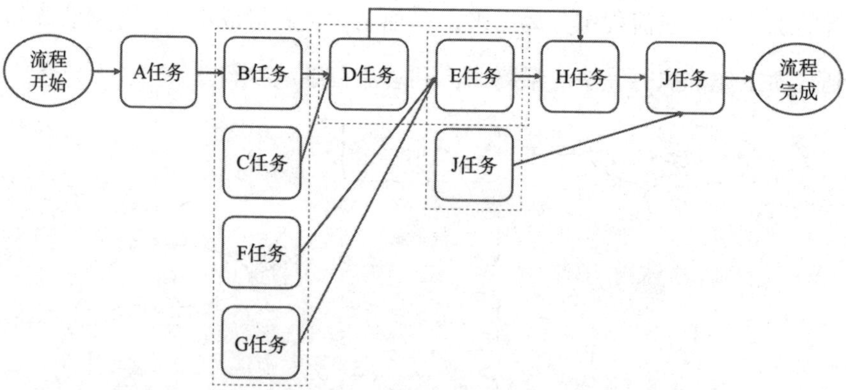

图5-10　流程的并行序列（假设各任务自身没有分支任务）

在图 5-10 中，流程开始后进入 A 任务，A 任务是整个流程执行的前提。A 任务执行完毕进入 B 任务，C 任务与 B 任务没有纵向决定关系，即 C 任务执行不需要 B 任务先完成，因此将 C 任务设计与 B 任务并行执行。

F 任务、G 任务与 B 任务、C 任务也没有纵向决定关系，而且 F 任务与 G 任务的执行结果也与 D 任务无关，因此可将这两项任务前提至与 B 任务和 C 任务并行执行（图中以纵虚线框将 B、C、F、G 任务框起）。

B 任务与 C 任务执行完成后进入 D 任务执行，F 任务与 G 任务执行完成后进入 E 任务，由此可知 D 任务与 E 任务间没有纵向决定关系，因此 D 任务与 E 任务可以并行执行（图中以横虚线框将 D 任务和 E 任务框起）。

D 任务执行完成进入 H 任务，E 任务执行完成后进入 H 任务，H 任务执行完成进入 J 任务。而 I 任务执行完成也进入 J 任务，I 任务与其他任务间没有纵向决定关系，因此将 I 任务与 E 任务划入并行序列（图中以纵虚线框将 E 任务与 I 任务框起）。若 I 任务先于 H 任务执行完成，则等待 H 任务执行完成，一并执行 J 任务。

最后，J 任务是整体流程中最后一项，它执行完毕宣告流程全部完成。

防止子流程间的业务重复

流程的完整性需要企业内部各部门和各岗位的共同参与，如果将每一个主流程拆分出来，都可以形成多个不同业务的子流程，因此在考虑主流程的主业务时，也要考虑子流程的业务关系和范围。如果子流程业务出现重复，将会增加流程执行的成本，重复越多，说明无用流程节点过多，则消耗越大，引发的最直接结果是企业经营成本增加。

营口相和超市商品上架流程被设计为 6 个层级，为了加强监管，每个层级都设有查收项和验质项（见图 5-11）。

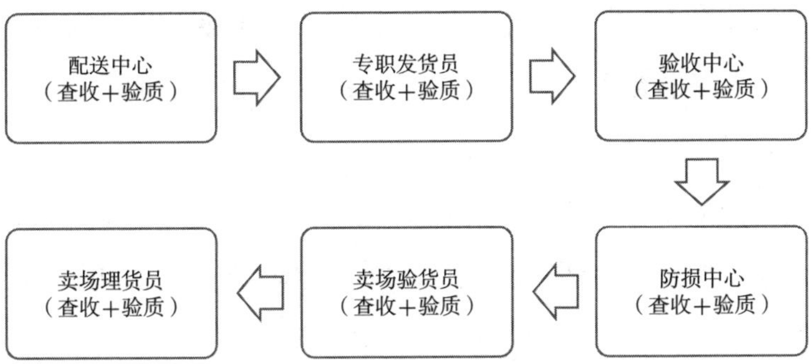

图5-11　相和超市商品上架流程

该流程的最大问题是，从配送中心到商品上架，每个环节的功能都是重复的。配送中心将商品运到后，需要查收、验质；专职发货员将商品向下发放，也进行查收、验质；验货中心和防损中心对商品进行查验时还要进行查收、验质；货物到达卖场后，验货员和理货员都要进行查收和验质。

如此一套烦琐流程下来，先不说操作的人会不会感到头晕，那些蔬菜水果恐怕都要抗议。超市为保证进货质量和商品上架品相，确实用心良苦，但是过犹不及，这样反复查验很可能会带来负效果。反复查收，等于要对商品反复拆验，会增加商品出缺、遗漏和损坏的可能性。而且经手的人越多，就越无法定义具体负责人，出现问题后无法追责。

因此，相和超市设计的商品上架流程是失败的，只能徒增企业经营成本和造成人员浪费。在进行流程设计时，一定要避免无用的业务重复，尽量根除时间成本、管理成本、沟通成本、审批成本等多重浪费。

要如何改进呢？仍以这家超市的商品上架流程为例。

很重要的一点是明确流程的主业务。

流程的产生是源于主业务的需要，才一步步地进行任务规划。但现实中很多流程的主业务被分支业务抢走了风头，主业务退居二线，分支业务喧宾夺主，导致执行的本末倒置。就像相和超市的商品上架流程，从流程图中无法分辨主业务，如果硬要分辨也只能说“查验”与“验质”可能是主业务，不然不会每步都出现。如果从任务角度分析，商品上架的主业务应该是“上架”，通过一系列流程让商品保质保量准时上架。找到了流程主业务，再要对流程进行改进就有了方向（见图 5-12）。

图5–12　改进后的相和超市商品上架流程

改进后的流程就清楚多了，可以很清晰地看出流程的主业务都围绕商品上架。参与的部门被缩减到 3 个，分别负责商品从入库到上架的查收、核数、验质、上架，哪里出现问题，就向相应负责部门追责。比如，商品数量出现缺失，就找配送中心负责；商品质量出现问题，就找验收中心负责；商品未能及时上架，就向相应的卖场理货员和卖场负责人追求责任。

该流程制定完毕，原来的“专职发货员”一职被裁撤，“防损中心”与“验收中心”合并后进行了人员精简，卖场验货员和卖场理货员职位合并，更有销售经验的理货员大部分被留下。通过该案例可以看出，流程简化后不仅执行更加清楚，还有助于企业人员精简。更为关键的是，人员变少了，工作效率却提升了。

与明确流程主业务同样重要的是抓住流程中的关键问题。

流程也可以分为主问题和分支问题，其中主问题是影响流程执行效率、执行方向甚至能否执行成功的关键问题。如果流程不能解决主问题，说明流程设计不合理。

与上架流程类似，相和超市的商品采购流程设计的也不明确，虽由采购部主要负责，但仓管部、品管部、财务部都有权过问，因为这些部门都对采购工作负有相应负责，但只是针对采购作业中的分支问题负责，采购作业的关键问题——采购数量、采购价格、采购对象等不是这些部门关心的。当采购部有进一步行动时，这些部门全都扑上来，针对自己负责的部分直接插手，采购作业总是进行得很艰难。

后来相和超市将采购工作流程进行改进，采购涉及的各项工作被分解到相应部门。采购核心只能由采购部负责，其他部门不得干预，包括直接跟供应商接触，负责确定采购数量及采购价格。品管部负责质量检查，财务部负责价格审定，采购完成后入库交由仓管部负责（见图 5-13）。

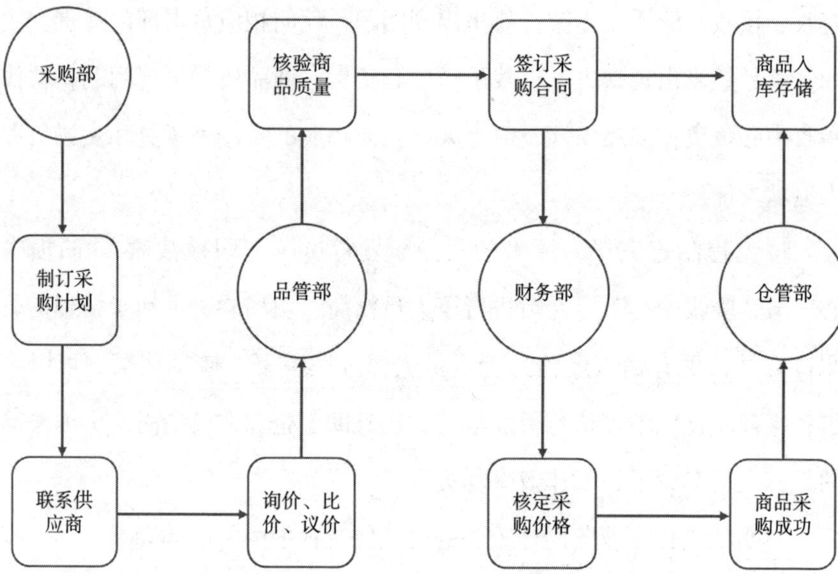

图5-13　改进后的相和超市采购流程

第六章 追降成本：剔除非增值活动

设计流程是为了精简工作中的耗损，降低工作运行成本。但现实中很多流程却走上了与之相反的道路，设计者与执行者只重视流程完整性，却忽视了成本控制，导致流程环节渐多，成本损耗递增。高质量的流程，不仅执行顺畅，而且成本控制高效，通常流程中涉及的沟通成本、时间成本、交互成本、信息成本、跨域成本、审批成本、库存成本等都需剔除其中的非增值部分。

工作人员有权决定——沟通成本

杨壮经营一家中通快递加盟店，每天最早来到店里，最晚离开。按常理理解，“深入千家万户”的快递小哥应该最疲惫，坐在店内的管理者会相对轻松些，毕竟一整天的体力劳动对人的消耗很大。但杨壮的情况正相反，他总是最疲惫的，他的经典口头语是“今天累死了”“腰快累折了”“脑袋嗡嗡疼”“没有一点空闲时间”……看到这里你会认为，是不是这家快递加盟店的生意特别好，必须这样忙？其实相对比同公司的其他店铺和同地域的其他公司店铺，杨壮的快递加盟店的生意属于正常偏下，还经常因为不及时、误送和丢件被投诉，一直被所在区域上级公司监督改进。

与杨壮同城的窦雨也经营着一家中通快递加盟店，虽然后入行，店铺位置也较差，但窦雨通过自己的努力将店铺经营成为公司内的明星店铺。

在一次公司内部的交流会上，杨壮与窦雨因为属于同一地域而坐到一起，看到窦雨上台领奖，很好奇对方的经营方式，在大会结束后向其请教经营秘诀。窦雨说：“我也没什么秘诀，流程都是公司总部制定好的，地域特殊状况都有上级公司综合考虑后制定相关措施，我们要做的就是按照流程执行，带领快递员做好每天的收发件。”杨壮继续问：

“你自己没有什么特殊经营方式吗？”窦雨摇头表示没有。杨壮邀请窦雨到自己的店铺看看，帮忙找到经营不善的症结。

某天上午，窦雨来到杨壮的店里，只待了半个小时他就找到了原因，他对杨壮说：“你是要当诸葛亮吗？任何一件小事都要插手。快递员都有自己的片区，快件的接收和派送流程一步步都很清楚，他们都会做好的。你的工作就是统筹安排，比如年节时根据具体情况调派人手，突发事件的对外联络，传达公司内部新的执行方式等。”

杨壮不理解地问：“什么都不管，发生状况怎么办？像丢件、错投、错录、快递员发生交通意外，总要管啊！”

窦雨说：“状况有大有小啊！丢件、错送、错录这种是小事，具体负责的快递员要负责解决。发生交通意外，如果不涉及人身受伤的，快递员都可以自行处理，严重的我当然要到场。但相对于顺利执行，出现意外状况的概率总是小的，出现重大交通事故的概率更是微乎其微，不能因为预防这些小概率事件而将日常工作流程都搅乱啊！而且，要相信员工处理问题的能力，一般性问题应赋予员工决定权，培养员工的工作积极性，减少工作过程中的沟通成本。总之，不能事事请示，件件汇报，这样时间长了员工的能力得不到提升，管理者也会身心俱疲，公司经营也不会顺畅。”

这个案例虽然不是发生在大公司内，但很具有代表性，企业管理者放着制定好的流程不执行，一定要干预到员工的工作过程中。不给员工一点决策权的代价就是公司内部的沟通成本飙升，试想员工做任何事都要请示、汇报，等于每一步工作都会卡顿，何来效率可言！

衡量一家企业的流程执行是否高效，一个重要的参数就是沟通成本的高低。沟通成本不通过具体数字呈现，更像是一种状态表现。

如果员工工作有活力、有积极性，愿意挑战新机会，不会因为问题到来而却步，说明员工与工作是良性关系，工作没有给员工带来艰难感，反而因为工作能力提升和解决了困难问题而兴奋不已。

如果员工工作没有活力，没有积极性，不愿意接受挑战，得过且过，有了问题就推卸责任，说明员工与工作是恶性关系或至少已经趋向恶性关系，工作让员工愈感艰难，工作成为了员工难以翻越的高山。

良性关系与恶性关系的根本差异之处就在于管理者是否给员工授权，让员工有机会做决定。再能干的管理者也只能做有限的工作，将权力放出去，做到“该管的管，不该管的不管”，既解放了自己，员工也会得到历练。

降低沟通成本除了授权外，还要在流程内部建立问题沟通机制。因为总会有意外出现，总会有跨出流程的状况出现，原有流程已经不能解决现有问题，就需要及时沟通，寻找解决办法。也就是说，出现问题后的正确及时的沟通，也是降低沟通成本的好方式。

那么没有问题是否需要沟通呢？如果你认为没有问题就不需要沟通，就要思考问题是从哪里来的？问题诞生于日积月累的微小错误中。建立统一的沟通平台，形成常规沟通机制，有助于及时发现问题，能够有效降低在问题出现后解决问题的诸多成本，这其中自然包括沟通成本。

统一沟通平台就是形成一种惯性沟通习惯，到了某个时间点或事情的某节点，大家都知道需要沟通，便会准时参加。我曾任职的一家公司规定，每周五下午 4 点进行周总结会议，每月最后一个工作日的下午进行月总结会议。总结的对象是日常工作流程中是否存在潜藏危机和可改进之处。

日本三井物产在管理流程中设计了“星期五下午茶”环节，每个周五下午公司各部门员工一喝茶的形式聚集到大型会议室，大家边喝茶边讨论想法。这种方式可以有效消除员工参加讨论的紧张心理。

在网络时代，沟通不一定非要面对面，各种即时通信工具和交际平台都为我们提供了沟通交流的机会。公司内部建立多个交流群，便于大家实现零距离沟通。

无论是何种形式的沟通，有一点必须注意，就是管理者不能一言堂，要让其他人充分发表意见，并虚心采纳正确的建议。只有博采众长，才能慧眼识珠，只有慧眼识珠，放权才能有的放矢。正确放权，放权给正确的人，才能真正达到降低沟通成本的目的。

尊重业务流程多样性——时间成本

在网络还未如此发达的时代，买年货要么去超市，要么去赶集。进入小年后的超市只能用摩肩接踵来形容，每次拼命挤来挤去几个小时后，在结算台还要排长队等待，因为多数人的购物车里都装得满满的，结算便耗费时间。

在喜气洋洋的各条队伍中，总能看到为数不多的愁眉苦脸者，这些人通常没买多少东西，有的人只买了一两样商品，但也要挤在长长的队伍中。免不了会有人实在不想等了而放弃购物，从无购物窗口出来，表情很悻悻，但也无可奈何。

一度以为所有超市都是这样的，但某次在一家超市排队结算时，看到这家超市专门辟出两个收银台作为购买 5 件以下商品结算的绿色通道。在抢购年货节段，收银台是宝贵的，为此专门用两个收银台去为购买少数商品的顾客结算，是不是会耽误其他顾客结算？现实情况表明，不仅毫无影响，还因为购买少数商品的顾客快速结算离开了，收银排队处的人流量得以减少，减少了人满为患的心理压力，顾客与收银员都从容了很多，整体收银速度反而加快了。

这样为不同状况设计不同解决方式的做法，就是流程多样性。任何事情都不只有一种状况，而是会呈现多种状况，在不断执行中还会衍生出更多类状况。再加上不同人做事的风格和采取的方法也不同，即便是同样的事情经过不同人处理，也会形成不同的局面。

对这些“不同”不应视而不见，因为任何一种不同都蕴含一种可能，虽然流程不能包含所有可能，但应尊重业务多样性，并将多样性进行分类归纳，形成流程多样性。

但这种转变并不容易，因为传统的大批量生产为实现规模经济形成了统一风格、统一程序的流程，所有输入，无论大小、难易、远近、缓急，都进入统一流程中，遵循统一流程进行。在统一的流程中，一切都按既定标准运行，这里只注重常规情况而忽视特殊情况。但将特殊与常规混杂一起，显然常规设定无法满足特殊情况，导致运转失畅，响应迟缓。

到了网络发达的今天，很多场所都配备了先进的网络设备，代替了曾经的人工工作。看起来人们应该受惠于科技的发达，但总有一些流程的设定与实际情况不符，导致科技的力量没有被正确释放。

笔者前阶段去某医院脾胃科看病，进入公众号，选择日期进行挂号预约，我的序号是 24，显示还有 8 个号源。我的理解是这个预约只是告知患者当天还有多少号源，而非挂号时的序号。在约定日期来到医院，在机器上挂号后显示我就是 24 号。到达等待区等待叫号时，发现了医院挂号流程存在的不足之处。一些预约序号排在前边的人来得很晚，叫号时并不在，但因为他们手握前边的序号，无论他们什么时候到来都有权插队看病。

医院的挂号流程没有将特殊情况独立设定，导致不守规矩的人有空子可钻，守规矩的人反而吃亏。其实，优化医院的挂号流程非常简单，只需将一些特殊情况考虑在前即可。以挂号预约为例，挂号预约的序号只是提醒患者还有多少号源，约满为止，而正式挂号时还应设置挂号序号，谁先到挂号序号就排在前边。这需要医院对挂号流程进行调整，增加工作量，但对于患者是友好的，对于建立秩序也是必需的。

流程存在的目的是什么？除了提升任务执行的效率外，还肩负着建立秩序的重任，大家都在公平、合理，能够解决突发问题的流程中运转，任务才能在最少的时间内得以实现，个体也才能受到最大限度的保护。

可以想象，不够尊重业务多样性的单一流程是无法适应市场多元化、需求多变化和用户多期化的，而且这样的流程也难以执行长久，时间会将不够多样的流程摧毁。

在流程设定时，必须考虑特殊情况，对于某特殊情况，首先确定基本情况，根据情况确定最合适的流程，然后再按照流程运行，使对特殊情况的处理能通过最节约的流程完成，既提高处理速度，又降低运行成本。因此，为主动适应各种新变化和市场新环境，流程管理必须支持流程多样化，企业可以根据不同市场、不同需求、不同形式，制定具体的流程流转。

统一客户界面——交互成本

界面是计算机语言，是企业通过计算机与用户交流意见、分享信息、达成交易的电子媒介。为了让用户在电子界面上了解到更多对企业有益的信息，企业在设计宣传网站时都会狠下功夫，“大而全”思维通常成为主导。

只要界面设计的逻辑够清晰，通过网站向外界传输更多信息的做法是没有错的。比如当今最以“大而全”模式著称的淘宝网，里边包含的产品种类数不胜数，商家更是灿若星河，但进入的用户却从未感觉迷惑难懂，因为淘宝网设计的流程指向非常清晰，搜索、交流、查询、评论、浏览等都能清楚呈现。这种交互虽然信息量巨大，企业维护网站所用的人力、物力庞大，但用户在网站上的收获同样巨大，企业通过网站所获取的经济、品牌、口碑受益更为巨大。

但是，如果网站设计的逻辑不够清晰，用户进入后为了寻找自己想要的信息需要“跋山涉水”，最终也未必能得到，即便得到了相关信息却并不精确到位，也同样令人沮丧。

以上借助计算机界面阐述与用户交互，是为了更好地理解现实中的界面和与用户的交互。在如今一切以客户为导向、商品又严重同质化的经济环境下，统一客户界面对于提高客户满意度是非常重要的。

现实中很多企业不仅不能做到统一客户界面，甚至不了解客户界面的真正含义，以为只是网络交流的电子界面而已。其实，在网络经济之前，企业与用户之间就已经有了交互界面的概念，就是企业与用户因为交流生成的交互状态。状态本身是虚拟的，但引入到实际管理和企业效益上就成了具象。

曾经，多数企业内部都是“金字塔”结构，层级现象明显，有任何需要进行决策的事情都要逐级上报，直至上报至能够做决策的层级为止（大部分事情都要上报至最高决策层）。此外，因为企业内部没有明确的职权划分，很容易就某件事形成“车轮效应”，即一件工作经常涉及三四个部门，如果客户要与企业就某方面达成协议，这其中很可能会有多个部门参与进来，在自己部门负责的部分与客户商谈，客户要像“走马灯”一样逐一应付，当各方面都洽谈妥当后，协议才能达成。

无论是“金字塔”结构，还是“车轮效应”，给外界的印象就是复杂——没有统一的客户界面，导致交互成本居高不下。

交互成本是看不见的成本，看似不会对企业产生多么不利的影响，实则负面影响很大。企业与客户的交互成本始终居高，引发的结果就是交互时间延长，进而导致交互效率降低，企业会因此错失合作与发展的好机会。

随着企业越发重视流程化工作，交互成本正在逐步降低，但真正能将交互成本降到最低的方法是进行流程简化，将工作职责落实到位，将流程节点进行优化，将执行人力有效分派，将分散的界面逐步统一。

完善信息通道，实现集成与共享——信息成本

企业内部通常存在“部门墙”，这堵“墙”阻碍各部门、员工之间的信息传递与工作交流。“部门墙”的形成主要源于企业组织结构臃肿，科层制的管理职能过深，部门间责任划定不清晰，导致企业管理混乱。企业“部门墙”通常分为两种：一种是企业内部的各部门之间形成的各自为战的“墙”，部门成为独立系统，相互之间画地为牢，部门利益高于一切；另一种是部门内部的小组或员工之间形成的恶意竞争的“墙”，员工之间缺乏交流，互相不信任，思想不能及时跟上公司发展的要求与步伐，导致工作效率低下，推卸责任成风。前者的涉及面更大，对企业发展的负面影响更大。

在组织扁平化不断发展的当下，曾经层级化深重的“金字塔”结构被逐步替代，取而代之的是更具有灵活性和利益性的“网格化”结构“小组织”结构等。

之所以一定要打破“部门墙”，不仅为了破除企业内的官僚作风和等级压制，更重要的是实现信息的流通与共享。只要“部门墙”存在，就一定会形成“信息墙”，将阻隔企业内部的信息集成与共享，没有信息交换，各部门将成为孤岛，进一步加重“部门墙”。

即便打破了“部门墙”，“信息墙”依然可能存在，因为扁平化组

织也是由各不同部门组成的，一旦信息交流不通畅，各部门会在此陷入信息闭塞。因此，完善信息通道，增加信息流动机会，是避免“部门墙”“复辟”和组织“梗阻”的必要做法。

此外，人们的工作与个人发展也需要信息的交换才能实现。没有人会完全通过自己的能力获取想要得到的所有知识和信息，每个人都有一些别人不具备的知识、信息和生活经验，相互分享有助于彼此的共同成长。

以上是对“信息墙”与信息流通利弊的分析。回到流程上，流程是以步骤形式逐次完成的，每个环节的执行都离不开目标的指引、职责的划分、执行的到位，同样也需要信息的集成与分享。

谷歌公司曾在内部进行过关于信息流通与信息阻塞的实验。内容相近的两条流程，一条呈现信息开放式（各环节执行期间，所需要的信息可上下交换），另一条被要求信息关闭式（各环节执行期间，任何信息都不能进行交换）。执行信息开放流程的员工都是之前从未有过相关工作经验的员工；执行信息关闭流程的员工中一半是有经验的，另一半是没有相关经验的。

实验结果显示：信息开放的流程团队不仅执行顺利，而且又快又好，流程各环节人员相处融洽，虽然一开始都不是很明白，很多人感叹自身能力和见识得到了很大提高。信息关闭的流程团队执行到全流程的3/5时宣告失败，而且前期执行所用时间已经超过信息开放的流程团队执行全部任务所用的时间，并且执行过程中矛盾不断，可谓步步都是坎坷路。两个团队的区别就在于信息是否共享，能够共享信息的团队执行流程的每一步都是群策群力，又互不干扰；不能共享信息的团队执行流程的每一步都只能独自研究，交接不清，责任也划分不清。

该实验结果表明，企业内部的信息无阻碍流通，可以实现部门间、人员间的信息交换，可以增强企业的综合发展能力和竞争能力。下面和大家分享在执行流程工作中是如何实现信息集成与共享的。

首先，明确实现信息集成与共享的方式有两大类：一类是线上方式（互联网渠道），另一类是线下方式（能够触碰到的方式）。

线上信息集成与共享方式可分为三种：①采用信息化平台，如日常工作中用到的自动化办公软件、公司的官方网站等，都可以将收集到的信息进行发布；②通过电子邮件、即时通信软件和各种内部群，快速将最新信息传达给他人；③在公司设置几台信息存储电脑，作为信息共享之用，所有的最新信息内容都可以录入电脑中，分类存放，相关人员可根据个人兴趣查找。

线下信息集成与共享方式可分为两种：①每周定期举办一些“信息分享会”，让有“干货”的人进行讲解，此外还有晨会、周总结会议等；②利用“信息墙”，此“信息墙”非彼“信息墙”，真的是一面墙，和上学时候的黑板报差不多，可以在信息墙上公布一些工作经验心得，最新的学习新闻或工作计划等。

总之，企业内部的信息渠道越完善，越有助于实现信息的集成与共享，企业的信息流通会越加顺畅，企业的信息成本会因此而大幅降低。

哪里最合适，就在哪里展开工作——跨域成本

在常规印象里，洗车应该将车开到专业门店，然后等待员工操作。但网络时代下，这种到店享受服务逐渐演变为上门主动服务。只要在相关 APP 上下单，就会有专业人士携带洗车打蜡工具前来，就地为您的爱车做清洁。

商家推出这项服务的好处有哪些呢?

首先，宣传自己。上门洗车是较新的概念，很多车主还不知道或者知道了但没操作过。每一次上门服务都是对自己的宣传，会带动服务地域的用户数增加。

其次，方便客户。这里所指的方便不是想借助方便达到其他目的，而是因为网络技术的发展促使网上订单成为现实，用户想要更方便，商家就提供这种方便。

最后，顺应思维发展需要。在网络时代之前，人们想要购买什么商品或是接受什么服务，必须要到商家所在地，当面说明需求，才能购买到商品或得到服务。网络时代开启后，随时随地得到自己想要的商品或服务成为现实，商家们的经营思路已经跟随网络思维而发生了根本性转变，从曾经的“想要什么你来找我”变成了“想要什么，我送去给你”，于是哪里最合适，就在哪里展开工作成为新常态。

也就是说，是网络时代给予了跨界成本新出路。企业在进行流程设计时必须尊重这一点，有些工作步骤无须大费周章地变换地域，只需要做到“哪里最合适，就在哪里展开工作”即可。

比如你购买一款SONY笔记本电脑，当你需要维修服务时，选择通过UPS联合包裹服务公司邮寄到SONY公司，你想象的业务流程应该是：用户的电脑→UPS寄送给SONP→SONP维修好（烦琐的内部流程）→SONY通过UPS再寄送给用户。但真实情况却并非如此，为用户提供维修电脑服务的是UPS公司，而非SONY公司，虽然回寄的邮包上看起来好像是从日本SONY公司寄出的。

出现这样的情况，并不是SONY公司有意欺瞒用户，而是从最高效解决问题的思路出发。维修的目的就是要修好电脑，而因此产生的维修流程的目的是让电脑得到维修，至于如何寄送、如何转交、如何维修，都围绕这个目的设置，流程的最关键节点是由专业人士维修电脑。

UPS和SONY展开深度合作，由UPS成立维修公司。维修流程的核心在于维修技师的能力，因此SONY公司与UPS商定，维修技师必须要得到SONY的内部资格认证。该职位是非常抢手的，因为获得了资格证等于同时得到UPS和SONY两家公司的认可。

这样的合作将原本UPS的寄送流程和SONY的维修流程二合一，流程方面得到极大简化，对两家公司都大有裨益，跨域成本被降到最低。对客户也非常有利，节省了维修等待时间。简化后维修流程被精简为两个环节：用户的电脑→UPS维修并寄还用户。不仅执行时间极大缩短，流程质量与流程目的依然有保障。

剔除所有不必要的审查与控制——审批成本

执行任务离不开审批，审批是监管和放权的一种表现。审批程序设计到位对流程的执行很有裨益，如果审批层级过多将给流程执行制造巨大阻碍。现实的情况多数趋近后者，因此总能听到一些企业内部员工的抱怨："现在的流程签字太多了""审批时间那么长，竞争总是慢半拍""什么事情都要层层上报，哪里还能挣到绩效"。

很多企业管理者认为审批成本与企业发展之间是一对不可调和的矛盾，认为企业规模增长后企业高层将面临如何有效掌控企业的难题，要时刻警惕企业管理失控的风险，因此审批程序多些也属无奈之举。

我曾受邀到一家业务公司做流程培训，在进行相关调查期间，发现该公司的管理流程设计存在巨大缺陷。最典型的就是审批环节，从董事长到总经理，再到业务项目模块，最后到一线员工，每个环节的管理基本都有计划、执行、检查和反馈。这些环节层层相连，形成了企业的审批链条。

一次，某位高层管理者发起了一个业务项目，该管理者要求业务项目所在地的地方办事处经理在 2020 年 6 月 30 日之前完成工作。办事处经理责成下属部门经理具体操作，部门经理又责成相关业务团队执行。这个业务团队开始执行任务，最终业务团队负责人以 Word 文档加

PPT 的形式向部门经理汇报，部门经理通过邮件与文字形式进行批复与修正；部门经理以书面形式向办事处经理汇报，办事处经理通过邮件与文字形式进行批复与给出意见；办事处经理通过邮件形式向下发放任务的总部高层管理者汇报，该管理者以邮件形式进行批复和给出意见，然后再将意见逐级传递给办事处经理、部门经理和业务团队负责人，如此重复往返。

从该案例可以看出，决策层是大脑，中层是躯干，执行层是手足。如果手足与大脑的联系出现中断，时间线就会拉得很长。夹在中间的管理层同样痛苦，每天除了要完成自己的工作，还有那么多待办工作需要签字，而且签字就需要负责。

究其原因，无非是企业规模扩大后，专业分工、组织范围和管理层级不断增加，导致权力掌控更显困难。要解决这个问题，需要在风险与效率之间找到一个平衡。

流程设计面临上下管理层与执行层的不同要求，总部管理层和总部职能部门希望规范管理和规避风险，要求加强管控和审批；具体业务单位希望提高市场的快速响应能力，要求简化流程。因此在具体的流程设计中，如何既简化流程又能满足对风险管理的要求呢？我们介绍三个方法供参考。

（1）审批工作规则化。审批流程的简化离不开健全的规则和高度的授权为支撑。在规则制定上可以设置基于金额或业务重要程度的审批规则，也可以按照不同类型业务对审批效率的要求，有针对性地设置不同的审批规则。如果能够形成固定规则，就可以借助 IT 系统的自动判断实现强制管控。

（2）决策审批点前移。如今的企业决策更多倾向于后置，即靠近企业最高领导层的决策。但企业决策权的理想状态是，在权责利对等、了解下属执行能力和管理风格的基础上，尽可能让更低层次、更贴近一线业务现场的人来决策。企业高层的放权应基于信任和默契，审批的权力多数应到中层即截止，只有极少数会通过高层，而且审批的作用不再是监管，而是起到帮下属把关的作用或者是企业经营必需的流程。

（3）减少不必要的审批人。我曾接触过一家公司的固定资产转移流程，从申请者开始填写转移电脑的申请单后，一共经历了 7 个环节的审批。到达最后一个审批环节时，我们提出质疑：申请者当初配置的电脑是由行政部门调配的，为什么现在离职需要部门经理审批才能转走？行政部门的答复是：他的领导有权知道吧！

“领导有权知道”这样的回答看似没有错误，流程上也不会出错，因此造就了很多流程在执行过程中审批环节很多，几乎达到了是个领导就要审批的程度。这极大地消耗了人力和时间，却对工作没有任何实质性的助益。

理想的状态应是：同一个风险控制点，要避免重复审批，将权力与责任落位到一个岗位，而不是一群岗位。因此，在确定审批人之前先要清楚审批的目的是什么？审批节点中哪些是决策的需求？哪些是知情权的需求？对于决策的需求，必须经过审批才能起效。对于知情权的需求，可将审批改为定期汇报或直接备案，实现流程执行与领导知情并行。既提高了流程执行效率，又解决了管理者信息知情和监管需求。

最大限度地减少工作调整——库存成本

工作调整对于流程执行的影响非常大。因为流程的执行是具有惯性的，所有活动都围绕流程执行的目的运转，突然出现需要调整的状况，会打乱流程的正常执行。调整做的好，流程在短暂停顿后还会继续执行；调整做的不好，将会全面打乱常规流程，导致执行中断。

这种工作临时调整的状况在企业的库存流程中经常遇到，正常市场状态下的库存充足与否？库存是否能应对市场临时出现紧急情况？库存积压了怎么办？库存告急了怎么办？只要库存与销售无法形成正相关，就需要进行相关调整，但每一次调整对于流程的执行都是一次伤害，会干扰流程的正常秩序。

帮宝适尿片作为一种一次性尿片，需求量很大，虽然商品单价小，但占用的库存却很大。最初由沃尔玛存放在旗下各大配货中心，通过全国卖场每日零售统计和库存量实际情况随时向供应商普罗克特－甘布尔公司发出购货订单。但保持库存量的平衡是非常难的，库存量偏多时不敢轻易订货，库存量偏少时订货很可能导致脱销。而且市场情况变幻莫测，不知道什么时候这种一次性尿片就突然爆发式热销，如果沃尔玛没有足够的库存，顾客就不满意。如果总是保持高库存，不仅会占用资金，还会增加仓库保管费用。

怎样才能解决库存无法平衡的问题呢？有效的方法不止针对帮宝适一种商品，其他商品也同样适用。

沃尔玛高层经过慎重考虑，认为普罗克特－甘布尔公司接受全国各地零售商的订单，在掌握商品使用情况方面一定比沃尔玛更有优势，最起码在了解帮宝适一次性尿片进出仓库的运动规律上要强于沃尔玛。于是，沃尔玛提议由普罗克特－甘布尔公司承担告知沃尔玛配货中心的订货需求通知——提醒配货中心向自己（普罗克特－甘布尔公司）提出订货请求，包括订货数量、订货品类等。沃尔玛商店则每天向普罗克特－甘布尔公司汇报旗下所有配货中心发往零售店的帮宝适尿片数量及销售数量。同时，普罗克特－甘布尔公司负责收集关于帮宝适尿片的市场动态，及时将市场异动通知沃尔玛，由沃尔玛方面综合信息决定是否多订货或少订货。

具体操作流程是：普罗克特－甘布尔公司通知沃尔玛订货，并且建议订货的数量 → 沃尔玛方面如果评估认为普罗克特－甘布尔公司的建议合理，便同意并签订购货合同 → 普罗克特－甘布尔公司安排发货。

同帮宝适类似，很多商品都走这样的流程，将平衡库存的责任嫁接在供应商身上。供应商也愿意尽这份责任，毕竟可以同客户建立长期合作关系。沃尔玛再也不用自己为商品库存操心，所付出的只是进行评估而已，不仅简化了企业运转消耗，还降低了库存成本支出。消费者也不会经常面临商品缺货的境地，可谓一次改进三方受益。

第七章 过程检查：确保流程质量

流程在执行过程中若不进行有效监督稽查，就会逐渐失去质量，因为流程计划的差错率、执行者的责任心、执行中的突发状况等，都会影响执行效果。

明确流程检查的目的

检查是对流程执行的保障，检查越到位，执行越到位。但不能为了检查而检查，而是要明确检查的目的，根据实际目的实施检查，也是对检查的约束。如果检查没有目的，很可能变成盲目检查、过度检查、混乱检查，最终不仅检查达不到效果，还会干扰流程的正常运转。

什么时候开始检查呢？通常在流程执行一段时间后，就需要进行流程检查，一方面可以通过检查检验流程设计是否充分、适宜、有效，另一方面可以督促各部门、各岗位正确有效地执行流程。在保证执行高效率的同时，可以根据发现的问题，采取有针对性的改善措施，确保流程体系的卓越。

在阐述流程检查目的之前，先看一下流程检查的分类。根据流程检查目的和检查对象的不同，流程检查可分为四类。

第一类，流程执行检查。主要表现为公司的流程制度是否得到执行，执行是否到位。关于流程每个企业都会制定相应的制度，以保障流程执行的方向性和有序性。制度不是一成不变的，会随着行业变化和企业发展而改进，流程是建立在为企业发展服务的基础上，因此要遵循流程制度，不能在设计或执行时游离于流程制度之外，因此要在执行过程中稽查是否符合流程制度的要求。

第二类，流程绩效评估。对流程运行的最终结果和所取得的效果进行评估，并与流程设定的目的进行对比，评估流程目标是否有效达成以及流程目标达成的具体情况。如果最终结果和执行效果与流程目标偏差过大，必须追究错误出现的根本原因。比如，是决策层决策错误，或是流程设计错误，还是执行过程中出现错误，并追究相关责任人责任。

第三类，客户满意度评估。流程的要求更多是企业内部的安排，虽然流程在设计时反映了外部市场与客户需求，但在客户需求传递与实现过程中可能因为多种因素而出现很多错误，加上外部市场和客户需求处于不断变化中，更会增加传递与实现过程的错误。因此必须对客户满意度进行评估，这是相当残酷的评估，因为听到的多数是对企业不利的建议，但只有多向客户征求意见，多听客户对流程体系的评价，才能在未来流程设计时更加靠近客户需求，提升客户满意度。

第四类，流程审计。流程审计是针对公司流程体系整体进行全面的、系统的检查，目的是评估流程体系的覆盖充分性、市场符合性、解决有效性、执行效率性，审计的输出是流程体系整体的评估与改进。

在实际的流程检查中，流程执行检查最为重要，如果企业暂时没有条件进行另外三项的检查，但执行检查这一项决不能缺少。只有通过执行部门的实践和对实践的检查，才能找出流程体系中存在的问题和隐患，才能督促流程被正确有效地执行，以确保流程管理工作落实到位。

回到本节标题，流程检查的目的是什么呢？

每家企业都有各自流程执行的目的，因此检查的目的也不尽相同，但万变不离其宗，流程检查的目的一定离不开“设计是否到位”“规范是否落实”“执行是否有效”等方面。

2011 年年底，天津某房企做了业务流程的设计与梳理工作，在流程体系试运行超过半年后进行流程检查，目的概括为三个方面：

（1）验证前期设计的流程和规范是否被执行；

（2）评估执行的程度和效果；

（3）通过检查评估前期流程设计的适宜性，发现流程中的问题和需要改进的方面。

该房企的流程检查只用到四类检查的第一类，但目的很明确，将流程的设计、规范、执行和效果都涵盖在内。

确定流程检查的关键点

小企业的流程在经过简化后，往往不会很复杂，对流程的检查可以直接展开。但大企业流程因为涉及部门和岗位较多，即便在经过简化之后仍然比较庞大，如果直接对流程展开检查，不仅难以找到切入点，也会极大提高检查难度，一旦操作失当会给流程运行造成干扰。因此在进行流程检查之前需要确定流程检查的关键点，以便更加顺利地展开流程检查。

2017 年，新加坡石油公司进行流程检查，事先明确各项检查工作，提前向流程管理组下发一道通知，明确流程检查的范围、检查时间、检查的切入点。通知如下：

本次流程检查的范围是《企业流程管理手册》的全部 52 个流程，确定检查时间为 48 个工作小时。为提高流程检查效果，在开展流程检查前需提前进行准备，找出流程检查的关键点——对流程目的、目标的达成起到关键作用的流程控制点。

为更准确地找出流程关键点，该企业绘制了“流程要素分析表”（见表 7-1），从该表的各项关系间找出关键点。该表头的“流程关键点”项是基于主责部门的关键活动及配合部门的接口活动识别关键点；“输入”项是指主责部门活动所需的前置条件的充分识别；“输出”项是指主责部门和配合部门在该阶段活动的主要输出，一个活动对应一个输出成果；“接口流程”项是识别出在该阶段中配合部门的主要活动。

通过对流程关键要素的分析，新加坡石油公司规定：①对流程的关键活动、输入、输出、部门间接口重点检查；②对流程运行期间公司的管理重点进行重点排查；③根据对流程现状的掌握，对问题多发地带进行重点排查。

流程检查离不开方法，流程检查的方法不是某种工具、模板，也不是常规的某种策略，而是一套符合企业现阶段发展与流程运行的实用技术。将流程检查方法称为技术，因为流程检查不是一成不变的，而是随着企业发展、行业变化、流程改进而逐渐改变的，技术具有与时俱进的延伸状态。

表7-1 新加坡石油公司“流程要素分析表”（部分）

流程名称	流程责任人	流程目标	流程关键点	输入	输出	接口流程
年度计划管理流程	主责部门（综合管理部） 配合部门（各部门）	①公司计划逐级分解、编制与审批过程； ②计划执行的总结、评估、监督、调整要求	①资源盘点； ②确定公司年度经营目标； ③公司年度经营计划； ④季度计划审批、执行的监控	①公司战略规划； ②集团的计划、指标及考核要求； ③上一年计划完成报告	①公司年度经营计划； ②各部门/各项目年度、季度计划； ③计划监控和评估记录； ④计划调整建议	战略规划管理流程、项目总体控制计划管理流程
项目总体控制计划管理流程	主责部门（综合管理部） 配合部门（各部门）	计划完成率	①项目计划分类分级控制原则； ②项目总体性控制计划模板与制定程序	①公司战略规划及年度经营计划； ②项目科研阶段主要结论	项目总体性控制计划	年度计划管理流程
项目后评估工作流程	主责部门（综合管理部） 配合部门（各部门）	—	—	①项目前期策划、计划类的所有文件； ②计划变更过程中的所有经决策确认的文件	项目后评估报告	项目计划管理流程、项目定位策划管理流程、设计管理流程、工程管理流程、项目成本管理流程、采购管理流程
运营会议体系工作流程	主责部门（综合管理部） 配合部门（各部门）	①规范公司会议决策机制； ②评估报告成功转化率	①建立项目评估体系； ②项目评估资料完整性； ③评估结果应用	①项目运营会议体系； ②会议准备资料	①会议成果； ②会议记录	项目计划管理流程、设计管理流程、工程管理流程、项目成本管理流程、采购管理流程

流程检查的关键一环是对接责任人，需指派专人全程跟踪流程检查工作，该制定人员必须熟知被检查的流程，了解该流程的所有产物定义、设计会议召开细则、具体流程操作人等基本信息。

具体的检查方法可分为现场查问、查看记录、数据收集三大类。韩国大宇公司进行流程检查时，对所有在该检查阶段运行的业务流程采用上述三种方法：

（1）现场访谈：现场与主要流程负责人和关键岗位进行访谈，以获得相关数据。在访谈的同时对现场进行实地观察与调研，在遇到观察与访谈情况不符时，向流程负责人或其他流程执行人确认，以确保信息的真实可靠。

（2）查看记录：通过查看流程从设计到执行到具体要求的记录、成果文件，结合现场调查结果，审核已发生的流程活动是否符合流程规定，是否达到流程设计的目的。

（3）数据收集：对流程绩效的数据进行收集，数据越多则反映出的信息越全面，对于不能提供准确数据的流程内容进行合理评估。

确定了检查方法，还要确定检查路径。检查路径通常分为按照部门顺序展开或者按流程顺序展开两种形式。按部门顺序展开更贴近企业管理层级，检查能够更快速进行，但因为脱离流程体系会导致检查结果不十分准确；按流程顺序展开更贴近流程执行本身，检查可以更到位，但因为流程关乎企业正常运转，一旦开始检查可能对企业正常工作造成影响。

因此，两种检查路径各有利弊，具体采用时应根据企业实际情况而定。也可以将两种检查路径合并，以流程线路为主线，在部门单位间逐次展开。

大宇公司在选择检查路径时就选择了合并模式，在组织层面按部门开展流程审核（需考虑部门涉及的主要活动及设计的流程文件），在进行具体流程文件审核时，则按流程要素展开（需考虑流程文件执行的主要部门和配合部门）。大宇公司的流程检查思路分为 5 个方面（见图 7-1）。

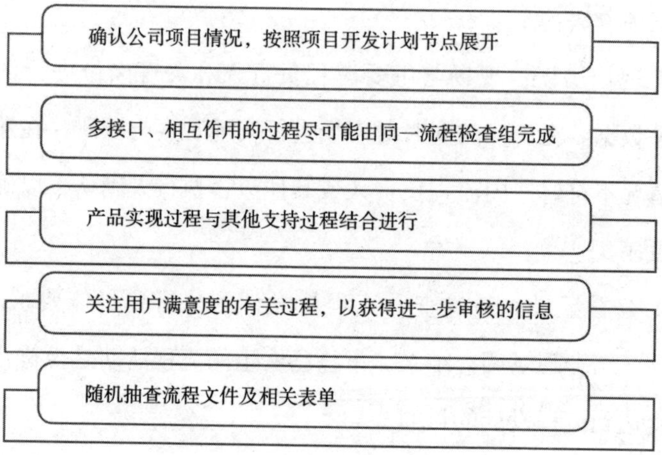

图7–1　大宇公司流程检查思路

参考表 7-1 可得出，流程的检查主要有输入、输出两大项，每大项都可概括三项原则。

输入：①是否有被触发的影响流程正常运行的环节；②触发环节的真实性；③触发环节的合理性。

输出：①流程图规定的完成事项是否已出具；②完成事项的真实性和实用性如何；③需要审核的完成事项的负责人是否正确，是否责任到位。

执行流程检查实施计划

流程检查之前需要进行取证工具准备（记事本、录音笔、相机等）、检查文档准备（会议记录、邮件记录、方案、计划书等）、辅助工具准备（流程说明书、流程检查表、SOP 等）。

其中，取证工具是检查结果的凭证，使结果有据可依；检查文档是主要检查对象之一；辅助工具是制定检查标准的依据。

流程检查前需确定三点：①被抽检流程已发布运行，且运行时间至少达到 1 个月（通常为 1 ～ 3 个月为宜）；②被抽检流程不处在变更、优化期间（以流程梳理人员的鉴定标准为准）；③流程运行过程中执行情况较差或很差（以绩效指标达成情况、发生重大异常事件、他人举报等为准）。

在进行流程检查之前，需确定流程检查的时间表。时间表的制定需根据各部门、各岗位、各流程阶段的具体情况而定，以尽量不干扰、少干扰流程工作正常运行为宜。若必须干扰某部门、某岗位工作执行，要提前与对方协商，将影响降到最低。

各部门应向流程检查组提供流程执行记录，项目检查组将根据执行记录列出详细检查清单。德国 GC 建筑集团在正式开始项目检查前，将预先通知流程执行各部门，各部门向流程检查委员会提供执行记录，根据记录流程检查委员会制定出模块清单。以下仅以流程执行的成本管理部的模块清单为例，进行详细呈现（见表 7-2）。

表7-2　德国GC建筑集团成本管理部的流程检查模块清单（部分）

检查模块	流程名称	主责部门	流程执行与否	资料收集
投资拓展	项目拓展及论证管理流程	综合管理部	已执行	10A 地块可研论证工作参与情况及工作成果
定位策划	项目定位策划管理流程	营销策划部	已执行	定位策划工作参与情况及工作成果
营销管理	营销供方选择与管理流程	营销策划部	执行中	参与情况及工作成果
规划设计	设计变更管理流程	规划计划部		设计变更审批单、设计变更登记台账
成本管理	项目成本管理流程	成本管理部	严格执行	成本估算成果、项目成本信息表、扩初设计限额与成本控制建议
	项目合同付款审批流程			合同付款申请表
	项目预结算管理流程			工程结算分析（每结算一个工程对应一份合同）
	动态成本管理工作流程			成本动态控制台账（每期）、成本动态控制月报表
	工程合约规划工作指引			项目工程合约规划报告、招标计划
	核价管理工作流程		未执行	—

续表

检查模块	流程名称	主责部门	流程执行与否	资料收集
招标采购	工程供方管理流程	成本管理部	已执行	工程供方建设情况及履约评估表
	材料设备招标采购管理流程		已执行	项目进场计划（每期）、材料设备招标采购计划（每期）、招标计划执行情况（技术标与工程量清单提供时间、确定单项采购目标成本的时间等）
	承包商招标采购流程		执行中	
	公开招标采购管理流程		已执行	
	采购合同管理流程		执行中	合同审批签单、合同支付台账、合同结算台账
	合同文本标准化流程		未执行	合同文本标准化工作开展情况、标准化合同清单、根据合同评估进行修改的记录

列举出检查模块，不仅有利于检查过程中掌控总体进度（尤其有利于协助被检查部门合理安排工作计划），还能在未来的（下一次）流程检查时方便调阅对比。

控制流程节点，监控流程过程

我们已经知道，在一个工作流程内也区分若干个不同环节，各环节间开始与结束的连接处就是流程的节点。一个流程能否顺利被执行，节点的把控非常关键，如果在节点处出现问题，会直接导致流程执行出现问题，甚至流程无法执行。因为流程不畅通，上面的工作衔接不下去，下面的工作无法继续展开。因此对流程节点的管理非常重要，必须保证节点处设计正确、合理，节点衔接高效、顺畅，保证流程快速执行。

某建筑工地在施工过程中经常因为混凝土运输时间不合适而耽误施工的情况，抵达时间过早导致混凝土开始凝固，过晚则导致施工人员因缺料而停工等待，前者影响施工质量，后者影响施工进度。

工地施工是一个整体流程，混凝土运输是其中的一项子流程，该子流程与施工主流程的衔接出现问题，即主流程上的一个关键节点出了问题——该节点失去了控制。由此引发了一系列问题，施工因此而经常遇阻碍。必须对这个节点进行控制，以确保该节点不再出问题，保证施工质量与进度。

首先剖析该关键节点，观察其内部“构造”。

主流程与子流程的衔接出现问题，或者子流程之间的衔接出现问题，问题出在节点处，但导致问题的根源在流程内部，因此要去流程内部查看情况。

通常要查看问题流程一方，回到本节案例，即查看混凝土运输子流程的内部，将流程的各环节进行检查。混凝土运输环节是由工地施工方和混凝土供应商联合打造，当施工方需要混凝土时向供应商发出发货请求，待价格谈妥或价格确定后，供应商安排发货，运输抵达后施工方予以验货，随后双方电子交割结算打款，同时供应方车辆返回，一次流程结束。

可以看出，在混凝土运输子流程中，有6个节点，分别是发货请求、议价、发货、验货、结算、车返。其中议价与发货是关键节点，前者控制流程的产品成本，后者控制流程的时间成本。

对于本案例来说，显然是发货节点出现了问题，导致到货时间与施工要求不能对接，要怎么调整呢?

其次对节点的改造要有针对性，对核心问题下手。

先看看工地负责人是如何应对这个问题的。负责人先后跟混凝土供应商协商数次，最后供应商同意每次运输如果出现时间问题，可以给施工方一定额度的优惠。但这对解决问题没有实质性效果，混凝土的抵达时间仍然早晚不定。后来负责人又对工人提要求，让大家在混凝土运输车早抵达，就加快施工速度，以挽回一定的产品损失；如果混凝土运输车晚抵达，更要加快施工进度，以挽回一定的时间损失。这个方法看起来能起到一定效果，但工人怨声载道，消极怠工现象频出。

两种方式都未能有效解决问题的根本原因在于没能针对有问题的节点进行改造。问题的节点是发货时间，导致到货时间不够准确，引发了一系列问题，而负责人却从产品价位和工人施工上着手，显然无法解决问题。

最后是供应商方面的运输队长提出了高质量的建议，他向上级提议更新信息设备，使混凝土从生产到运输可以全程与工地保持联系，在最合适的时间进行生产与运输。在与施工方协商后，施工方同意在供应商上新设备期间配合进行生产与运输时间确定，在这期间造成的一切因混凝土运输时间不准确而引发的损失，施工方将不向供应商进行追究。在进行了 5 次合作后，双方逐渐适应了新的订货、发货、运输、结算流程，并且估算出了准确时间。此后的混凝土运输越发顺利，时间越来越精确。不仅施工方因此大受裨益，供应商也因能够精准提供混凝土而赢得更多客源。

从该案例能够看出，流程节点处发生问题，必须针对这个问题寻找方法，才能顺利解决问题。而且节点所处的双方共同想办法，更有利于节点问题的解决。因为节点起着承上启下的作用，上方与下方都应该为节点的问题负责。解决混凝土运输的问题，最终就是由问题节点的上方供应商想出办法。因为上下方所处的位置不同，看问题的角度也不同，能够提供的方法也不同。

督导流程进展，控制工作节奏

2013 年，华为与丹麦运营商合作 T 项目，其中一项任务是在次年 3 月接入 3500 条网络技术路径。但因为接入网络的计划十分复杂，导致 2013 年 11 月才完成整个接入计划的 1/10。为了保证在预定日期完成接网计划，项目团队开始加快进度安排，每天的任务都进行总结汇报。

为保证项目如期交付，在接网的同时启动站点搬迁项目，也就是两个项目合并为一个大流程，接网与搬迁是大流程中的子流程。常规站点搬迁的时长是半天，但因 T 项目所在地地形复杂，而且丹麦客户对分包商不够信任，站点附近业务投诉频繁，导致每个站点搬迁需耗时一周多，严重影响流程进展。

为应对危机，项目组临危组建 3 个子流程执行小组，A 小组负责公关站点搬迁的技术难关，B 小组负责培训分包商与缓和协调分包商同业主、客户间的关系，C 小组继续负责接网计划。

3 个小组同时展开工作，总流程与 3 个子流程的负责人严格带队并督导流程进展，每一步都不放松。终于在第二年元旦到来前接网计划与站点搬迁计划完成了 40%，又在项目截止日的前一个月完成了 90%，最终在 3 月团队如期交付成果。

在项目总结会上，项目总负责人（也是执行流程的总负责人）与团队成员一致认为，是执行中对每个环节的严格督导，不断优化改进作业流程，才能一步步解决看似不可攻克的困难。

其实，在流程设计过程中，肯定不能全部预料执行中能出现的各类问题，因此在具体执行中会受到资源、时间、执行人等条件的限制，导致流程进度与原本计划出现一定的偏差。因此，流程负责人必须要对所负责流程的进展情况予以督导，促使流程的实际进度安排与原本计划（后调整计划）或团队期望的进度保持一致（或最后时刻能够重叠）。

尤其是对流程中的风险多发环节或流程内部起到里程碑作用的环节，要在重视程度上进一步提高，督导工作更加详细。督导过程中应根据流程进度计划来安排督导流程进展，对各个环节的实际时间安排、流程资源和费用的实际使用情况、相关执行人员的参与情况、关键里程碑节点的实施情况进行综合评审。

在督导过程中通常会出现现有排程与原定计划不符的情况，流程环节的制定或执行出现错误的情况，流程进度滞后的情况。

（1）对其中不符合流程计划的排程及时给予提示，必要时可给予相关指导，以合理控制整个团队的工作节奏。

（2）通过对流程过程的监控，及时识别流程的问题环节，可帮助分析问题出现的原因，制定技术纠正方案和具体解决措施。

（3）如果发现流程的进度滞后，选择距离现阶段作业任务最近的、时间估算较多的“任务包”采取时间减控措施，以加快流程进展。如果单纯减控某“任务包”无法解决进度滞后的问题，必须从流程的整体规划着手，缩短流程的执行周期。可以通过增加资源分配来减少执行任务所需的时间，也可以采用有效的工具和技术来取消或合并某些环节，还可以调整流程环节的优先级顺序，总之要改进流程的工作方式与方法，合理控制流程进程。

快速跟进与调配，保障流程进度

在流程执行过程中，为保证快速跟进、加快流程进度，通常会根据任务顺序和特征安排两项或多项任务同时进行。由此产品周期较短、新产品面市等情况下，流程往往会将快速跟进和缩小流程范围组合应用，从而缩短流程执行周期。

但“快”往往意味着“险”，因为快速跟进中多项目任务同时展开，一旦协调不好或问题隐匿滞留，会产生一定风险，待险执行的流程通常难以顺利执行完毕，难免会引发更多问题，导致流程进度受到大影响。

因此在流程执行过程中，跟进是有必要的，适时调配也是有必要的，目的是保证流程执行进度，使流程顺利进行。

2006 年年底，林海被派往赞比亚接手一个管理服务项目。因为水土不服生病一场，康复后项目时间很紧了。为了抢回失去的时间，林海快速跟进任务与调配各项资源，以保障项目进度。

林海第一时间与客户接洽，了解客户需求与实际问题。随后与分包商取得联系，确定了每个模块的交付方案。又快速与团队技术骨干投入技术层面的设计与交付模块分配中。

但现实与预想总是有差距的，非洲各类基础设施非常薄弱，经常半夜传来站点信号断了或哪里油机告警了。团队经常奔走于问题处理现场，更加影响项目进展。必须解决现实问题，信号问题可以通过增建信号塔解决，油机告警要怎么办？林海找到油机方面的专家，联手解决了告警问题，制订了油耗上限，避免盗油现象出现。

随着一系列方案的导入和推进，项目各模块实现贯通，下一环节能够迅速根据上一环节的情况进行调配和跟进，持续改进赞比亚项目的细节问题。林海与团队趁热打铁，向客户展示华为公司在相关领域的价值。最终在林海与团队的共同努力下，客户与他们签订了合同，对华为表示了充分信任。

从上述案例不难看出，这是相当复杂的项目搭建与工作流程。因为团队负责人生病，团队首先面临时间紧迫的问题；后因为非洲实际状况的限制，导致项目进展再遭阻碍。如果没有团队一步步对项目流程的跟进与坚强执行，赞比亚项目很可能会失败。

虽然快速跟进与调配是流程执行团队必须具备的能力，但流程负责人在将快速跟进与赶工联合运用时，要同时注意关键环节的任务，如复杂程度高的环节不应该压缩工期，再如整体流程影响非常大的环节也不应该压缩工期（见表7-3）。能够更容易找到压缩工期机会的是，处于流程执行前期的任务或流程中持续时间较长的任务。

表7-3　适合快速跟进并压缩工期的任务

任务类型	可实施原因
流程初期任务	流程初期的任务通常执行难度不大，可合并任务同时展开，能够为流程预留更多时间，以便应对后期随时可能出现的突发事件

续表

任务类型	可实施原因
流程执行中的瓶颈期任务	在保证执行质量的情况下缩短瓶颈任务的执行时间，能提升流程执行各环节执行者的信心，带动后面的环节进度
流程中执行耗时长的任务	持续时间较长的任务未必是真正难以执行的任务，很多是因为长期形成的执行坏习惯而导致的执行延误，因此需采用同时启动若干项任务的方式，以压缩执行周期
可分解的任务	容易分解的任务必须进行分解，然后将各独立部分同时展开
劳动密集或技术含量低的任务	劳动密集和技术含量低的任务因为对技术的依赖程度很低，必须同时启动多项这类任务，以压缩执行成本

生成流程检查报告

到了编写流程检查报告的步骤，说明流程检查到了最后阶段。但有些事情还是要交代的更清楚一些，比如，流程检查必须明确检查的目的与背景，与被检查部门、岗位达成共识，检查不是随时都可以展开的，要被检查的部门与岗位做好相应调整；再如，必须与各部门、各岗位说明流程检查是基于改进流程的目的，是让流程执行得更好，是让大家的工作能更加顺利，而不是要去找谁的错，更不是跟谁过不去。同时，流程检查计划的过程中要详细记录，保证检查记录的可追溯性、可量化及真实性，对检查问题的描述必须准确、清晰，有利于后续做出改进决策。

经过以上各步骤的准备与实施后，编筐编篓全在收口，编写流程检查报告有哪些需要注意的地方呢？

（1）在正式提交流程检查报告之前，必须与被检查的相关部门和岗位确认后，确保被检查人员对于报告内容的认可度，才能正式发出。

（2）抓大放小，流程检查中会查出的问题有大有小，检查报告需要暴露的问题应当是具有普遍性的、重大的、具有代表性的，对于偶尔的、轻微的、局部的问题在与被检查人员进行沟通或简单书面告知后，不体现在正式的流程报告中。

（3）在流程检查出较多问题时，建议检查人员先行与流程执行的相关部门负责人与重点岗位执行人沟通，适当控制报告中反映的问题数量，将一部分问题以非正式方式提出。这样做的好处是既可以提高流程改进，又不会打消流程执行者的积极性。

流程检查报告具体怎样编写呢？以某公司对新产品开发流程的落实情况的检查报告为例。

新产品开发流程落实情况检查通报

第一，检查依据：公司内部程序文件。

第二，检查内容。

1. 现行控制流程是否满足实际要求，是否与质量体系冲突。

2. 本年度第三季度的新产品开发计划。

3. 查看新产品策划会议纪要。

4. 检查新产品研发流程计划是否有缺陷。

5. 检查具体实施步骤是否与计划相符。

第三，检查结果。

1. 计划性：7 ~ 8 月计划开发 3 个新品种，检查新产品开发计划存在的主要问题。

（1）销售中心提报的《市场调研报告》中一些重要事项未填写，如销售量分析、市场参考价、材料要求——对不符合规定的开发报告不应接受。

（2）要求8月20日供样6只，实际22日才实施——计划不严谨，时间拖后。

（3）程序文件要求销售部填写《新产品开发任务书》与《新产品开发时间表》，经总经理审批后送达技术研发中心。实际只有《新产品开发任务书》——程序文件与现实不符。

2. 新产品开发控制流程不健全，技术研发中心不能提供新产品开发控制流程图——应尽快完善。

3. 通过对技术研发中心在8月22日上午9点主持召开的策划会（共7个部门经理参加）会议记录，发现存在如下问题需要整改：

（1）营销中心仅对产品特殊性进行描述，未对交付时间不能满足时提出调整期限。

（2）技术研发中心缺少生产效率分析。

（3）品管部没有新产品先期质量策划。

（4）采购部没有新产品物料采购计划。

（5）财务中心的《成本分析报告》不够详细，缺少最低成本与最高成本的间差分析。

第四，结论。

1. 新产品开发关系到公司未来发展和成本费用的有效控制，必须健全流程控制，严格三级审批。

2. 公司当前新产品开发流程存在问题较多，特别是前期准备不足，过程缺乏督导，进度缺乏考核，存在开发迟缓、开发无效、开发失败的风险。

被检查部门：×××

检查部门：×××

2020年8月31日

第八章 精度考核：流程落地的标准保障

考核既针对流程的执行情况，也针对流程的执行者。需考察流程是否达到制度化、标准化、原则化，流程推进是否制订相应计划和清单，流程执行是否做到“日清日结”，是否公平公正地评价员工的执行能力……

制度化、标准化、原则化

现代企业的管理中，绩效考核是必需的流程。在具体的执行过程中要有具体的落地标准和保障。然而很多企业因为对绩效考核缺乏一定的科学认知，导致很多问题，如考核目标不明确，考核方式不科学，考核结果不透明、不规范等。因此，许多企业的绩效考核只是流于形式，失去了考核真正的流程功能。

优质的考核可以在很大程度上提高企业的工作效率与质量。因此企业在对员工进行考核时，要遵循科学、公正、规范的流程，将考核制度化、标准化、原则化，实现考核既高效又简化。

第一，考核流程需要标准化。

任何事情都离不开程序和流程，考核也是如此。将考核制度化不仅可以让企业把握好考核的方向，还能让考核简单高效地执行下去。

如今很多企业并没有对考核制定一个制度化的流程，在实际考核中存在很多问题，如目标不清晰等。事实证明，缺少制度化的考核，在流程中会出现一些不可控的情况，考核也就不能发挥其应有的作用。

因此，考核必须标准化，将流程按照某个标准走下去。腾讯作为一家大型的互联网科技公司，其人事体系非常庞大，腾讯将考核作为保证公司发展的一项高效的战略性管理模式，将考核的流程制度化，根据公司的发展规划制订目标，然后对具体的部门和岗位进行 KPI 分解，让每个层级都有不同的科学的考核制度。

绩效制度化对于提升企业绩效考核的质量具有很大的意义。绩效流程制度化，主要包含以下三方面（见图 8-1）。

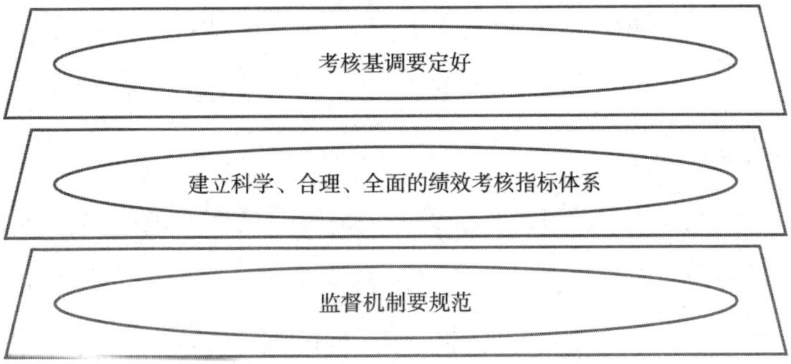

图8-1 绩效流程制度化的3个方面

（1）考核基调要定好。企业为什么要进行绩效考核，考核要达到什么目的。企业只有对这些问题明确之后，才能给出更科学的绩效考核流程。

（2）建立科学、合理、全面的绩效考核指标体系。制定指标能够在实际的考核过程中提供指导。建立科学、合理、全面的绩效考核指标需要综合考虑各个方面，包括员工工作强度、人员、设备等状况。

（3）监督机制要规范。企业在进行考核流程时，除了要有合理的指标体系外，还应该有一定的监督体制。监督机制可以让整个考核的流程更加公开、公正和透明，那么考核的结果也就更加有说服力。

第二，考核流程要制定标准。

企业制定了总体的制度规范后，还需要制定具体的实施标准，以此来保证考核流程可以有序实施。假如在具体的考核流程中，缺少制度和标准，那么遇到突发情况就没有了参考依据，考核也自然就失去了公正性。因此，建立合理有效的考核标准，也是非常重要的一项工作。

微软公司在进行考核时就进行了分层管理，考核一共分为三个层级，针对每一级被考核者不同的职责要求制定不同的标准。不同职位具体的考核方式也不同，并在实际考核中严格按照标准执行，以便于让每个层级的绩效考核都能有序进行。

（1）制定考核标准时要遵循原则。企业在制定考核流程时，需要遵守 5 个原则，即客观原则、可比性原则、相对稳定性原则、可操作性原则和明确性原则。

（2）制定具体考核标准的流程。在制定具体的流程时，需要根据下面这个流程进行：专业人力资源管理人员组成制定标准的小组；小组商讨之后制订出企业的工作计划；再通过企业各部门人员的综合分析，针对工作计划，确定考核标准；最后由负责制定标准的小组通过讨论制定出具体的标准。

第三，考核流程要讲求原则。

一个企业往往不止一个部门，多个部门就有很多员工，不同员工之间素质、能力存在差别。如果在考核中没有一定的原则遵守，那么绩效考核就失去了参考标准，从而影响考核过程以及结果的公平性。

将考核流程原则化，可以准确把握员工之间的差异化，合理地进行绩效考核，才能让整个绩效考核发挥出应有的作用。

有这样一家公司，因为在考核时没有将员工的绩效考核原则化，而是停留在口头上，所以无法做到兼顾不同的人。这样的考核不仅没有提升企业的生产效率，还大大降低了员工的热情和工作积极性。

在绩效考核的流程中需要遵守 8 个原则。

原则一——公平：考核过程中要做到公平公正，遵循客观真实原则，避免掺杂个人因素。

原则二——严格：考核流程不能停留在口头和形式上，需要根据标准和制度严格执行，让考核发挥其应有的作用。

原则三——单头考核：考核者应该是被考核者的直接管理者，间接管理者不能随意对考核结果修改。

原则四——公开：要求把每一次的考核结果公开出去，这样可以保证考核的民主性。

原则五——奖惩：考核结果出来之后，要根据绩效的高低进行奖惩，以提高员工对于考核的重视程度。

原则六——客观：整个考核流程一定要在客观的基础上，按照具体的标准严格执行。

原则七——反馈：考核者要及时把考核结果反馈给被考核者，让其能够及时作出调整。

原则八——差别：不同的等级的考核之间在奖惩制度方面应该具有明显的差别。

流程推进时要有日计划和活动清单

假如你是一个员工，不妨先想象一下，当你同时碰到下述这些事情时，你会怎么做?

（1）老板让你三天内完成一个项目方案设计；

（2）本周有一份关于市场调查的报告要交；

（3）客户那里出了问题，必须赶过去谈判；

（4）团队的绩效考核数据周五前需要递交；

（5）周四部门有一个汇报会是你负责的……

听到这里，你可能觉得脑海里已经一片浆糊了，不知道该怎么进行。但是高效的人则不同，他们总是能够按照合理的流程推进下去。因为他们每日都有日计划和活动清单，这样一来什么任务在什么时候做、怎么做，就十分清晰明了，自然也就能按排好时间，最终事情也会有条不紊地进行下去。

任何工作都有流程，想要将流程更好地执行下去，我们需要有计划和清单。比如，很多项目通常在进展时受到很多阻碍，资源环境的制约、技术因素影响等。在这方面，华为是怎么做的呢？

通常对项目活动进行排序时，可以按照技术和资源客观要求来安排每个活动的顺序，或者根据项目目标和每个环节的需求排序，当然还可以根据项目本身各个活动的内在关系排序。通过这些方式将活动排序形成一个优先级活动的活动清单。一般项目活动的优先级顺序表现为 4 种形式：从结束到开始，从开始到开始，从开始到结束，从结束到结束。

下面我们来具体看看这 4 种形式的解释。

第一种，从结束到开始，即上一项活动结束之后才开始下一项活动。

第二种，从开始到开始，即另外一项活动的开始要建立在上一项活动开始的基础之上。这种活动排序主要用在并行的项目之中，如一些同步的项目，规划阶段开始后，就可以开始分析其他的情况。

第三种，从开始到结束，即一项活动开始，另一项活动才能结束。

就像保安站岗，当另一个保安上岗时，当前保安才能下岗。

第四种，从结束到结束，即一项活动任务结束了，另一项任务才能结束。就好比客户在项目验收书上签字，整个项目才算完成。

通过制定活动的优先顺序形成活动清单，可以使项目在各个环节中有序进行，这对流程推进有很大的意义和帮助。但是大型项目的活动流程通常较为复杂，活动排序就比较复杂，因此仅依靠活动清单也很难顺利厘清项目的关键流程。这就需要更清晰的日计划。

这里有两种关于日计划清单的方法：

第一，“任务+开始日期+截止日期”清单。

“任务+开始日期+截止日期”这种格式的吸引力就在于它的形式非常简单。另外，它还引入了任务管理方法中最重要的要素之一：截止日期。

截止日期很重要，因为它能激发员工行动起来，让流程运作起来，它甚至还能帮助我们在冲突的项目和任务之间正确分配有限的时间。

假设截止日期是切合实际的，并把待办事项的比较优先级考虑进去，那么设定截止日期的做法就可以提高工作效率。按照这种方式，员工不但可以完成本职工作，还能完成更多的工作。

第二，“主任务清单+每日任务清单”。

这个方式也很清晰，就是先确定一个大的主要任务，并列出这个主任务的清单，然后根据主任务再确认每日任务的清单，这样就能够更详细地去按照流程工作。每日清单，顾名思义，就是你全天工作的清单。这是你需要每日使用并定期审查以衡量进度的清单——它的适用范围仅限于你打算在一天内完成的任务。

两份清单需要协同工作，通常情况下每天晚上需要查看主清单，寻找在不久后要到期的任务或需要完成的任务，以便推进其他流程。一旦你确定了这些待办事项，就要选择几个，将它们转移到第二天的每日清单中，并估算你是否有足够的时间来完成它们。

利用这些方式可以更好地将流程推进下去，有利于高效完成工作，最终帮助我们实现精度考核。

每天作业任务做到日清日结

华为有一位员工叫翟文亮，他是华为400客服呼叫中心的技术人员。在这个岗位上工作了6年，翟文亮受到了华为高层的欣赏，这主要源于他自己总结出的“日清日结”工作法。

在翟文亮的工作中，每天都保证完成自己的任务。很多次，他为了完成客户反馈的技术问题，总是值夜班解决问题。在他眼中，即使是下班也要跟进到底，并解决问题，不给下一个技术人员留下隐患。

一次，某站点的交换站点出现了故障，翟文亮恰巧是担任此次任务的主要负责人。为了尽快恢复站点的工作，翟文亮在机房通宵达旦，争分夺秒，最终在关键的环节中找到了问题，并顺利解决。然而，翟文亮并没有很快回去休息，而是马上将整个故障的原因和解决路径写成报告，为远程研发和工程技术维护提供了范本。

工作以来，翟文亮形成了按点完成每项作业任务的习惯。“日清日结”也得到了上级的欣赏。

实际上，翟文亮的这种“日清日结”本质上是对项目流程的一个控制。一个团队中的工作人员都能在当天完成任务，就能在最大程度上保证整个团队的工作效率和项目的安排进度。员工高效完成工作，那么考核的流程也就更加明晰和顺利。

在实际的工作中，想要更好地贯彻流程，我们还可以想清楚工作达成的结果，学会倒推时间进行规划。任何工作都是结果导向的，或许很多人都觉得这个准则很简单，但却经常被人无视或忽略。在列出待办清单的时候，多数人只会很机械地把当天需要完成的任务写下来，填充到清单里边。

写了清单，就有了初步的行动力，但往往缺乏连续性。想要按照流程完成目标，最好需要连续性，方法就是倒推时间，以此提高时间的可控性。

我们可以往前想，明天、下周、下个月乃至下个季度我们需要达成什么样的目标。就像被大家熟练运用的四象限方法，懂得轻急缓重的定义，但是这些定义可能不够准确或者难以形成连续性。如果可以想清楚自己的目标，知道自己要把工作达成的结果，形成连续性，效果会更好。

时间管理是最重要的一个法则，就是决定不做什么事情，懂得“断舍离”。不但要列出待办清单，还要列出禁止清单，这样效果会更好。

例如，上午 11 点之前不上微博浏览信息，工作时间坚决不玩游戏等。写出禁止清单，是为了在完成原本的工作目标之前不再分心去做其他工作，让其保持高度的专注。

一整天工作下来，让我们分心或被打断的情况数不胜数，虽然知道自己该做什么非常重要，但清楚自己不该做什么也很重要。

此外，还要学会做减法。有足够的时间，通常是可以完成任务的，如果任务过多无法完成，就要懂得做减法思考。

员工在安排工作计划的时候，不仅要列出工作内容，还要在旁边做备注，写上你预计需要多久将其完成。加上时间批注，是为了更好地管控任务时间，懂得取舍，让工作更加专注。

举个例子，通常工作人员进入办公室打开电脑的第一件事，就是收发邮件和回复电话。原本你是想处理完邮件后才开始正式的工作，但事与愿违，很多人一接收邮件就不可收拾，不断有新的邮件和信息需要处理。甚至到了午饭时间还没有处理完邮件问题。这样的习惯非常不利于流程的高效执行。

遇到这种情况，就要大胆地做减法思考。预先设定每天早上先花 1 个小时处理邮件，就算有新的邮件进来，如果不是很紧急的，必须立即关闭，专注紧急和重要的工作。每天的工作时间固定而有限，一般能处理的事情也相当有限。同样的道理，如果原本预计要完成 6 项工作内容，忽然临时插入两件非常紧急又重要的事情。遇到这种情况，你需要做的不仅仅是在工作清单中额外加上两个清单内容，还得减少两个清单内容。

还有一点，当任务涉及团队时，我们需要项目团队全体成员的参与，以此来确保作业流程的每个关键部分分配到具体的成员，每个成员要为自己的作业任务承担责任。另外，对于突发事件和问题要及时反馈和解决，形成良性循环。

项目作业过程中的“日清日结”，其核心要求是团队成员要控制好工作任务流程中的每个节点。不仅要保证按时完成任务，更要保证任务的完成质量，并对每天的流程进行自我监督。要将项目作业的整个目标落实到每一项任务安排、每一天的流程上。

在既有体系下寻求作业流程优化

项目流程通常是跨越了多个职能部门的一组为客户创造价值的相互关联的活动进程。项目作业规范中需要明确每个环节的任务流程，确保每项活动在科学的流程路径上规范运营。

华为的创始人任正非曾说过，规范的流程管理有利于项目中各项操作不依赖于个人意志，各项作业流程从输入到输出、端到端能够实现有效控制和管理，在这个流程中尽可能减少层级，让成本降低，效率更高。

在正常的工作中各个环节都要按照流程来确定责任和权利以及角色的认知，这样就很大程度上淡化了职能部门的权威，降低了管理成本，同时还提高了员工的效率。对员工来说，这样也能够获得最大化的考核成果。

想要优化作业流程，我们可以这样做：

在项目各层次的流程中，先确定好主流程，然后再划分为子流程。主流程主要是根据项目框架中某一环节的任务分解而成，在主流程阶段对主要的活动进行界定，规定主要任务内容、任务的输入和输出等。通过几项主要任务的关系，同时在这一阶段制定流程的绩效考核作为项目团队的考核评价标准之一。一级子流程是对主流程中的某项活动进行细化分解，同样，二级子流程是对一级子流程的某项相对复杂的任务制定更详细的活动流程。

清晰完善的作业流程能够在标准化操作的范围内最大程度提高工作效率，加快项目的进展。在既有的流程基础上，还要根据项目需求情况，对不必要的层级进行删减，简化已有的各个层级流程的多余环节，实现流程的优化，提高流程运作效率。

在这个过程中，如果多个项目的某些环节或某个任务中的流程是一致的，可以考虑进行合并或者多流程管理。通过这种多流程的管理可以降低资源冲突的问题。此外，单个项目作业流程的目的是在规定计划内如期完成交付任务，而多项目流程并行的目的是实现综合项目流程优化、信息资源共享，使项目运作更加高效，让流程成本更低。

下面我们以某仓库为案例，来看看在既有体系下如何优化作业流程。

第一，让仓库全面数字化。

许多仓库经理认为，现在有了数字化的跟踪就可以万无一失，但实际上，这种行为是对数字化库存跟踪策略有些过分自负。因为在多数情况下，作业流程仍然有进一步改进和优化的空间，而且如果不能优化，很可能导致数字化泛滥，毫无头绪。

为了确保库存跟踪程序的每一步都是数字化的，从计数接收到的货物到之后需要全面库存检查，以及跟踪在此期间更改过数字的订单。在订购过程中，参与的人越少，这个过程就越容易，也越高效。

第二，确保所有标签可扫描。

仓库的流程作业中，我们都知道需要很多标签、贴纸等物料。我们必须要确保这些标签可以使用手持条形码设备扫描。每当收到新的货物时，把条形码打印出来，这样你就可以跟踪产品、入库、盘点库存数量等。这样就可以使流程更加优化，让作业更加顺畅。

第三，确保仓库通道畅通无阻。

每个人都希望自己的仓库干净整洁，一个干净的巷道除了能提供安全的好处外，有个易于通行、没有障碍物的工作场所，员工能够更容易地到达目的地和更高效地完成工作。在货架与货架之间留出足够的空间，保证员工安全、畅通无阻地完成任务并迅速到达他们想去的地方。只有这样，仓库的流程作业才能够更加快捷和便利，在流程操作中也更容易高效工作。

第四，指示入库。

无论仓库是否已经制订计划，指示入库系统已经就位，该系统仅是用来观察工作是如何完成的。有很多种类的系统可以做到，但是其中最为有效和实用的是指示入库。该系统中所有空间的使用是通过数据库存跟踪器管理的，调整物品放置的位置和哪些空间是为了放置托盘以及储存货物的。每个人都经过适当的训练，系统配置正确，从长远来看，这将节省不少时间，可以避免员工为了寻找放置托盘的空位在仓库里绕圈。

第五，根据需求重新安排。

这是一项比较大的前期投资，仓库经理最好在淡季内完成任务，不要干扰其他业务。但必须用心调整你的库存，知道哪些库存从长期来看是有回报的。将最常拣选的产品接近发货区，多余的库存远离繁忙的区域以防堵塞或遗失物品，并经常评估销售数据，以确保靠近发货区的产品是有需求的。

通过上述 5 点，一个仓库的作业流程就得到了很大程度的优化。

优化之后，工作效率就会上升，无论是仓库经理还是员工，都能很高效地完成工作。这也是一种精细考核的表现方式，可以让流程更加落地，更加标准。

实施关键节点的精准考核

万达集团在流程管理方面向来十分出色，其中，关键节点考核很值得大家学习。万达模块化的项目计划是指对整个项目的运作、操作的通盘计划。从项目前期、项目建设到项目交付，细分为 12 个阶段：筹备、摘牌、交地、四证、设计、经营、招标、销售、招商、工程、验收、交付。每个阶段按照三级管控（一级节点—二级节点—三级节点）划分到具体工作计划节点，其中含酒店的综合体项目共 350 多个计划节点，不含酒店的有 320 多个计划节点。

万达内部形成了“总裁—分管副总裁—各部门—项目公司”的四级管控体系，项目管理中心作为整个计划管理的责任部门，负责项目计划的协调、管控及考核。总承包商也建立与之配套的计划管控体系，确保与万达各级管理层级的对接。

下面来看一下万达的计划节点考核实施的关键：

第一，前置管理。

1. 策划前置：首先模块化的项目计划其本身就是提前对项目实施

的内容进行通盘策划，这需要明确到每个业务操作节点，同时将该计划进行有效固化，明确相应的时间要求和责任人。

2. 业务前置：为了实现在规定时间内完成项目计划，万达在各地的实际操作中采取了一系列严控措施。主要包括以下几个方面：

（1）团队组建前置：万达要求项目团队组建在项目摘牌前60天完成。

（2）设计前置：万达要求在摘牌前20天召开规划设计启动会，在交地后5天完成总图指标签批移交。并且采取分段出图，即出图和施工同步进行，而不是等施工图全部完成后才开始进场施工。

（3）报批报建前置：通过与地方政府提前沟通，走绿色通道保证报批快速通过。

（4）招标前置：万达要求总包招标在摘牌后5天开始，摘牌后45天内完成，保证总包单位能快速进场施工。

3. 风险内控前置：考虑到设计变更、现场环境以及不可抗因素等情况，模块化计划中的内控节点通常比实际业务要求的时间节点提前，以确保出现特殊情况能够及时响应和调整。

第二，全责任管理。

在这个环节中需要明确各层级人员的权责：对于总承包项目部、项目公司以及万达总部各部门都有清晰的职责界定，并且明确各个层级的责任节点。

此外，在明确各个管理层级所承担的主要责任节点的基础之上，万达还拒绝采取单一的层级负责制，即由单一责任人承担其分管节点的管理模式，强调整个利益线上的人员共同承担责任风险。这样一来，假如某个节点出现延误，该节点的责任人需要共同受罚。通过这种强管控的模式，能够更有效地发挥各层级人员的主动性，及时协调资源来共同解决问题，也能让工作更加高效。

第三，节点考核。

万达的这种节点考核对象覆盖涉及的所有责任单位，包括万达内部各系统以及总承包商。

考核的方式主要是按年度对相关责任单位或责任人所负责的节点完成情况进行考核。按照不同节点对应的分值，每个一级节点 15 分，二级节点 10 分，三级节点 5 分。对于因总承包商原因造成的延期入伙、延期开业和延期移交有明确的经济处罚措施，如总承包商分公司年度计划考核连续两年垫底，则取消下一年度投标资格。

总体来说，万达的这种节点考核非常高效，不仅让计划布置更加精细，还可以确保各个流程能够顺利落地执行。

实际上，我们还可以实施各层级的分层考核管理，这也是节点考核的一部分。

一个企业中往往包含多个部门和多个层级，每个部门和层级的人员和职责都不相同。分层多模式综合绩效管理体系就是要将企业中不同的层级进行分层管理，不同层级针对具体的工作任务和特点采取合适的考核模式，通过层级、节点、小单位的考核可以顺利保证整个企业总体业绩考核的有序进行。

某服务企业在对员工实行考核时，不注意对企业各层级实行分层管理，其考核的层级只到各部门，对员工个人却没有设置考核标准。这样就出现了很多问题。就像一些表现良好的员工被一些倦怠的员工拖后腿，从而影响了优秀员工考核，更影响了企业的整体工作计划。因此，我们必须进行各层级的分层和节点考核。具体做法如下：

第一，企业应该以整体规划和目标为出发点，实行以企业销售利润指标为主的财务指标作为企业的考核指标。

第二，企业的下属各个部门可以分为一级部门、二级部门等以此类推，第二层级的考核模式以分解的 KPI 指标为主，确切到每个层级、每个人身上，这样就能更精准考核。

第三，企业应该以业绩指标和个人能力指标为主，将责任和业绩落实到每个节点操作的员工身上。

实施关键节点和分解的考核管理，可以让考核从上到下、从内到外地展示出公平、公正的特点，让考核更加科学和流程化。

公平、公正地评价员工在流程中的绩效

公平、公正的考核流程并不代表每个成员的绩效都要同等，而是要在考核评价过程中保持公平、公正的态度，实现科学地拉开项目团队成员间绩效差距的目的。建立一个科学和公平、公正的项目考核评价体系，有必要提前做好绩效指标的确定工作。

企业管理是个细活儿，你必须拿捏好管理松与紧的分寸，把握好尺度。过松会导致员工精神的散漫和局面的失控，过紧又会扼杀激情和创造力。所以，如何高效地管理员工还是有难度的，但这也并不是做不到，关键就是要公平、公正地评价员工在流程中的绩效。

企业需要树立高于一切的管理制度和思想。制度流程是保障一个组织正常运行的基石。随意践踏制度的管理注定是失败的管理。企业管理中最忌讳而又最容易犯的错误就是把个人意志凌驾于制度之上，长此以往，制度形同虚设，员工的行为、组织的运行必然产生不可逆转的偏差。因此，要求企业必须要建立一个公正、公平的流程制度，包括但不局限于：①建立健全团队机构组织；②建立严格的用人制度；③设计好绩效考核制度；④建立好薪酬制度；⑤建立竞争机制；⑥制度的建立和完善应始终放在首位；⑦制度下以身作则。

特别是在绩效考核中，企业管理者一定要公平、公正地评价员工的绩效。在这方面，三星集团做得非常好。

三星于1938年成立，成立之初，三星不过是一家小小的贸易公司，到1970年还在为其他公司代工，组装黑白电视，利润微薄。然而随着其成长道路上一个个巨人的倒下，它却越战越勇。2017年，三星位列《财富》500强第15位，2018年上升到第12位。纵观其发展史，可以看出历代领导者对人力资源都十分重视，他们把人才看作企业最宝贵的财富，并从多个方面发力以最大限度发挥人才的作用，助力企业崛起。而在众多人力资源管理措施中，注重制度流程，特别是在绩效考核方面秉持公开透明的原则。

很多企业制定绩效考核制度时，员工没有参与权，对于考核结果，没有知情权，从而导致员工对考核结果和过程都缺乏信任，难以接受考核结果。所以，三星集团意识到了绩效考核中的公平公开公正性，因此，及时公开考核过程，公示考核结果，让员工感受到公平，从而实现绩效考核的激励作用。

虽然三星的绩效评价制度较为客观、巧妙，但是在实际操作过程中，依然无法保证100%的准确性和真实性，也不能保证让员工全盘接受。但是通过这种公开公示，让考核结果接受广大员工的检验，对于提升考核结果的公平性和员工的接受度却是非常重要的。

三星的做法如下：

（1）三星设置了客观的考核程序来确定并管理目标设定和考核方式。这样，即使员工在考核中得到差评，也不会对考核结果有所不满。

在三星，只有在保证程序公正透明，考核人员评价客观、令人信服的情况下才能公开考核结果。因此，这就首先保障了考核流程的透明度和公正性。

（2）在公开考核结果之前，管理人员会与员工协商，保证员工能够从客观上合理地接受考核结果，这甚至逐渐成为三星文化的一部分，被称为接受性，这在公开考核结果的过程中起到非常重要的作用。

在评价员工的绩效过程中，三星甚至认为接受比公开更重要，所以公司采取比任何企业都透彻的目标管理和成果主义，不仅强调过程公开透明，更强调员工的接受度。

很多人也认为公正乃至公开地评价员工考核结果，很可能会适得其反。如果考核过程不够公正，员工不能接受考核结果，会对上司产生不满，长此以往，会对整个公司感到失望，从而给公司带来损失。

然而，只要我们的考核者严格遵守公正、公平的制度流程和考核指标，就能在最大程度上保证考核结果的公正和透明。所以，对于三星来说，公开考核结果非但没有造成员工不满，反而使员工更加信任企业，更加明确自己的不足以及努力的方向。这也使考核者更加慎重、公正、客观地评价员工，由此形成良性循环。

第九章 持续优化：形成标准化工作流程

任何流程都不可能一次制定永远有效，流程的制定是根据企业当时的实际情况，随着企业发展及环境的各种变化，流程也应做出相应的调整，并保持优化的持续性，才能形成最高效的标准化工作流程。

找出现有流程中的阻塞环节

有这样一家公司，为了提高企业的运转效率，总经理决定为自己的企业做一次流程优化。于是他专门成立了一个流程优化团队，并委托自己非常信任的 B 副总负责这件事。

B 副总对本企业是十分熟悉的，而且公司现有的一些高效流程也都是他经手制作的。这次对流程优化的工作，B 副总也非常重视。在接到任务之后，马上召开了小组会议，寻求各部门的意见和建议。在会上，各部门都发表了自己的意见以及关于本部门流程优化的建议。但是 B 副总并未采纳，只是让大家按照他做出的各部门的优化方案执行。就这样，在没有对流程优化事先了解的情况下，大家很被动地接受了 B 副总的任务安排。

随后，各部门的确很积极地按照 B 副总的方案一步步推进着流程优化工作。然而实际上，这样的优化很难出效果。因此在这次流程优化过程中，上到总经理，下到各部门的主管，都没有参与到流程优化的讨论和决策中，只是按照 B 副总个人的流程安排在操作。

这样的结果肯定是不如意的。因为只是 B 副总一个人的想法，缺乏各部门的意见和讨论，流程优化很难做出效果。这样的流程优化犹如空中楼阁，很难落地。

在流程优化的过程中，需要按照下列 4 个步骤进行（见图 9-1）。

图9-1　流程优化4个步骤

只有按照这 4 个步骤，流程优化才能得到解决，流程才能闭环，实现闭环管理，提高效率。这 4 个步骤中，流程检查很重要。通过流程检查，我们可以找出现有流程中存在的问题，特别是发现阻塞环节。

如何检查呢？可以从 5 个方面开展。

（1）绩效评价：根据企业和部门的目标绩效的完成情况，对相关的业务流程的质量和运行状况进行分析和评估，找出其中的问题。

（2）事故检查：一个企业在运营过程中难免会发生一些意外和突发状况。当发生这些问题时，我们应该对相关业务流程的质量和运作状况进行分析和评估，找出其中可能存在的问题，然后一一筛查。

（3）客户反馈：包括直接或者间接对接客户以及内、外部客户在内的流程客户，通过投诉、调查反馈和消极反应等方式传递意见时，应该对相关业务流程和运作状况进行分析和评估，找到问题。

（4）检查控制：主动对相关业务流程的运作状况进行定期检查，当部门在运作审核时，可以对业务流程的质量和运作状况进行检查和分析评估，找出问题。

（5）学习研究：团队以及员工个人在主动学习的过程中，或者在做标杆研究时，可以对业务流程的质量和运作状况进行检查和分析评估，然后找出问题所在。

通过这些方法，我们可以找到现有流程中的阻塞环节。找到阻碍流程进展的问题之后，我们就要对此进行改进和优化。例如，可以通过头脑风暴、小组会议、访谈法、德尔菲法等来改进和优化。优化之后就要实施新的流程。

公司持续改进业务流程是业务流程管理所使用的一种技术。它专注于不断地检查流程是否存在问题，如瓶颈和延迟；是否适应企业战略目标。业务流程的持续改进，最终目标是提高企业运营和生产效率。

砍掉无价值的环节

在流程优化的过程中，其实我们应该大胆地砍掉那些无价值的环节。把时间浪费在无意义的或者无价值的环节上，是非常不值得的，不仅浪费了时间，而且大大降低了工作效率，损失了企业利润。

有家马戏团曾有个知名的驯兽师，他听说从未有人看见斑马倒退走，大家都认为斑马只会往前走，不可能倒退走。于是这个驯兽师就决定要挑战这个项目，他要训练一只会倒退走的斑马。他不断辛勤地训练，经过几年的努力终于成功了。

为了让大家来观看他的成果，他贴出非常有悬念的广告，吸引大家来观看。观众从四面八方涌来，因为宣传和广告都保证将令观众大开眼界。然而大家看到在舞台中央站着那位驯兽师，正在口沫横飞地说明斑马倒退走的奇观。观众们则面面相觑，一脸的迷惑，有人说：“斑马倒退走路又怎么样？”

从这件事可以看出，浪费大量时间在没有多大意义的事情上，是没有人会喝彩的。工作要有效率，忙要忙在流程中关键的点上。每个人的精力总是有限的，并不是每一件事情都值得我们全力以赴，我们要像园丁那样剪去多余的枝条，才能使树木更快地茁壮成长，增加果实的数量。

在企业的管理中也是这样，我们必须去掉无价值的流程环节，这样最终留下来的流程都是关键且高效的，对于企业来说是非常有意义的。曾经在美国有这样一家童装公司的总经理，在最初几年把精力全部集中在研究服装的销售上，但是该公司在研发和设计方面一直没有优势，甚至连追随别人的设计款都感到吃力。慢慢地，他开始意识到，公司绝不能再花 5 年时间去做别人 5 年前就已经在做的事情了。他当机立断改变方向，结果不到 5 年，该公司就已在新款童装计划上处于领先地位了。

作为领头羊的管理者，你的效率直接决定了整个团队的效率。如何优化流程，让流程发挥出它最大的效力，才是最重要的。

想要做到这点，首先要撤销流程中重复的环节。有些新项目刚上线，流程制作时没有想出更好的办法，做起来比较复杂，其实在熟悉业务后，完全可以进一步优化流程，减少一些不必要的重复操作。

比如，在线上外卖的 APP 还没推出之前，外卖的流程是什么样的呢？

通常是客户电话订外卖，然后是饭店进行登记客户的需求，随后饭店做好饭之后，找到店内伙计进行订单派送，最后由派送员送货上门，然后收款。在这个过程中，饭店的工作人员要根据订单的多少，安排什么人或者几个人去配送，开什么车，是电动车还是摩托车等，再有还要观察路况，路上是否堵车，配送员多久能回来，如果饭菜凉了客户反馈怎么办，等等，这些流程非常复杂。

但是有了外卖APP之后，流程就变得简单得多。客户在网上搜索饭店，直接网上下单，饭店接单之后由平台的配送员直接抢单前往饭店领取，然后在平台规定的时间内，配送员将饭菜送到客户那里。这其中就没有饭店的事情了，如果遇到困难，配送员直接反馈给客户一起解决。这样的流程就会简单很多。

另外，流程中连贯事件没必要再进行分工。有很多工作工序非常多，但连贯性却非常强，因此没有必要再分工。

比如，在做饭这个简单的流程中就有多道工序：买菜、洗菜、切菜、炒菜、盛菜。

在一些较大的饭店中，每个工序安排一个人，倒是很常见的现象。如果是大型酒店，买菜、洗菜、切菜、炒菜、盛菜安排的人会相应增加。但如果放油、放盐、放调料、放鸡精分别安排一个人，那就很容易乱套。虽然这些小流程非常多，但其连贯性非常强，厨师一手包办就可以了，没有必要再分工。而且多个人配合炒出一道菜肴，想要变得美味很难，同时也会增加很多成本。

砍掉无价值的环节就是要简化流程。流程简化的基础应当是每个员工对自身责任的一个明确，只有充分意识到这一点，他们才会了解自己有多少权利，并了解怎样兼顾企业整体利益和自己的收益。只有明确了具体的操作规则，如怎样进行沟通、怎样进行流程协作等，才能避免互相推诿等现象。同时，也可以确保当流程简化行动开始时，每个人在这个过程中应该做出怎样的贡献，为流程的再造提供哪些资源。

合并不必要的环节

多少企业因为顽固守旧，而失去了市场份额；多少企业因为太自傲而导致官僚体系腐败，失去了市场地位；多少企业因为在管理上不得当，流程复杂烦琐，而失去了最佳时机……诺基亚就是一个典型的例子。

2013 年诺基亚旗下的塞班手机系统正式停产。这也代表着叱咤一时的诺基亚就此谢幕。从诺基亚的发展到落幕，其实不难看出流程管理在其中的重要作用。

塞班系统在 1988 年就已经出现了，刚诞生就吸引了手机三大巨头——诺基亚、摩托罗拉、爱立信的青睐，塞班系统很快成为手机厂商的宠儿。

然而，2007 年 iPhone 横空出世，改变了塞班系统一家独大的格局。随后安卓系统也崛起，塞班系统彻底失去了市场。

在苹果 iOS 系统和安卓系统的双重竞争下，诺基亚是不是没有任何机会翻身呢？其实是有的。许多人认为塞班系统失败是因为没有创新，在科技上失势。实际上，塞班系统一直以来都追求科技创新。最终导致其失败的根本原因是在研发流程中有太多不必要的环节在阻碍着科技的发展和进步。

据悉，当时诺基亚内部光技术研发人员就超过5000人，其中经营顶级人才都超过500人，这些人每天在追随时代发展，研发新科技。但是，想要实现这些科技创新却非常难，因为诺基亚内部存在严重的冗长流程手续，其中科技创新审批的流程就非常复杂。当一个科技创意诞生之后，需要花费很长时间进行内部讨论和商讨，在这个审核讨论的过程中，或许竞品公司早就已经运用到实际了。

不仅审批流程复杂，而且在诺基亚还存在数据统计和市场调查的习惯。这些调查想要转化为实际的研发动力，往往需要一系列复杂流程的操作。

塞班系统的研发过程中也存在这样的烦琐流程问题。在苹果公司，当工程师提出一个创意之后，在办公室当场大家就会做出决定。但是在诺基亚却需要层层审批和审查，光会议就要开好多天。

所以，正是这些烦琐的流程问题阻碍了诺基亚和塞班系统的发展，最终导致诺基亚的失败。在我们对诺基亚的失败感到惋惜的时候，也要吸取其中的教训。实际上，像诺基亚这样存在过多烦琐流程的企业有很多。很多企业在进行流程优化时，高层管理者为了让流程中的员工达到最好的执行效果，会将岗位权力进行分解，增加流程中不同部门、不同员工的相互审核和批准等程序。这样的操作不仅不会促进企业发展，而且还会对流程优化起到负面作用，造成企业损失。

真正正确的做法应该是管理者在进行流程优化时，要学会合并不必要的环节，通常是将两个或者两个以上的环节合而为一，这样可以让流程更加清晰、简洁，如工具合并、任务合并等。很多情况下，各个环节之间的生产能力不平衡，有的技术人员短缺，有的则忙于行政，忙闲不均，将这些环节加以调整和合并，往往能去劣存优，取得很好的效果。

其中一个方法是合并上下流程环节。通常是将一项任务的多个环节分别交给多位执行者，可以大大加快企业内部物流和信息流的速度。但是，从上一个环节到下一个环节的交接过程，也可能发生错误，所以为避免出现交接时的失误，可将多个环节的工作任务交由一位执行者全权负责。

另一个方法是合并任务相似的流程环节。任务相同或相似的环节并轨，都由一位执行者来完成，可以最大限度地减少人力和时间方面的浪费。此外，这样的做法也能历练此执行人的执行能力。

增补流程中欠缺的环节

当一个企业制订了目标管理和绩效管理等各种与流程相关的制度之后，为什么还会出现一些员工无法按照流程完成任务的情况？

这时很多企业的管理者往往会按照制度流程惩罚员工，希望此后可以加强员工对流程的管理和自我约束，遵守公司的各种规章流程制度。事实证明，这种做法并不能带来最理想的效果，也许员工违反规定的行为还会出现。

那么，问题究竟出在哪里？实际上，在流程优化的过程中，很多企业往往忘记流程中的一些欠缺环节，没有及时补缺，这样在关键流程欠缺的情况下，员工自然会出现各种问题。

显然，企业的管理和工作流程往往存在很多问题。我们以会计核算流程为例。无论企业的性质是提供产品还是服务，本质上说企业都需要从多种渠道来筹集资金，并用于正当的业务项目，以开展生产经营活动，同时为企业的产品开发和技术研发创造条件。想要做到这一点，企业就必须增补会计核算流程。但目前多数企业的会计核算流程并不完善，甚至存在内部监督不利、信息沟通不到位、资金流和物流不一致等问题。因此，这就需要增补应有的流程环节，如增补技术开发和产品研发流程、采购流程、收入流程、监督流程等。

简单来说，企业可以通过增补一些重要的环节来实现良好的管理和企业发展，这也是现代管理流程优化中必需的一个步骤。

就像下面这个超市的促销流程，原本的流程只有 6 步——制订促销方案、选品、定品、拍照、陈列、结束促销。但是这样的结果却并没有比促销之前更好，成绩并不如意。于是管理人员在这个流程中增补了多个促销环节的流程，下面看一下增补之后的促销流程。

第一步，制订促销方案。

商品采购部总监依据每年年初早已制订好的《全年促销计划表》，制订一份详尽的当下档期促销的《商品规划表》，并向各商品主管采购人员进行安排任务。

第二步，初次选品。

超市的商品采购人员要根据采购部总监制订的计划表和规则，拟订出当下促销单品选品的具体计划，并填写《促销单品选品表》，准备参加初次选品会。

在这里，需要增补一个选品会小组的流程，这个小组人员由商品采购总监、营运总监、全体商品采购人员、各部类负责人组成。

在初次选品会上，由各商品采购主管向参会者展示促销样品，并且讲解给参会者听，提出自己的意见和想法。

第三步，针对促销品进行谈判。

选品会之后，采购主管需要根据会上提出的各种修正意见，修改促销选品表，依据新表约见供应商，开始促销商品的谈判工作，并与厂商签订促销协议和一系列的费用清单。

第四步，第二次选品。

在这个过程中，通常是经过了几天的谈判之后，采购主管已基本了解确认各促销选品的可行性，然后与商品采购总监讨论，商品采购总监依据讨论来制定《促销商品毛利控管表》。

第五步，确定促销毛利策略。

在第二次选品会上，除了展示选品表的第二个计划及相应商品样品外，还要与参会者共同商议讨论当下促销档期的《促销商品毛利控管表》并最终确认此促销档期的促销商品、促销折扣及售价的方案。

第六步，定品会。

此会由商品采购总监、营运总监、采购主管参加，主要确定正式的促销商品售价、放在海报封面的商品、需要在海报上放大的商品及各支促销单品的预期总订量。同时还需要根据促销主题、促销力度等因素确定海报印刷量及派发方案。

第七步，下促销单品首批订单。

采购主管根据定品会方案，填写《促销商品清单》，超市的店长根据此清单执行，并严格依照此表上所写的促销单品首单订量下单订货。

第八步，拍照和确定封面。

这个环节就是要对促销产品和方案进行拍照并且定封面。同时，商品采购总监督管、检查、签定海报最终整体稿件，其间可有三次校稿机会，相应采购主管也要签字确认最终海报稿件上的商品信息的正确性。

第九步，印刷和派发海报。

正式推出促销产品的海报之后，要寻求印刷厂下厂印刷，并确定派发工作。

第十步，到货陈列布置。

各门店店长在下促销单品首批订单后，需每天追踪促销单品到货情况，确保促销开始前两天全部促销单品到齐。如在此过程中遇到意外情况，及时与采购部联系，提早解决问题。同时，将已到促销单品陈列在规定的位置上，并进行适当的促销氛围的装饰与营造。

第十一步，确认商品信息的正确性。

门店根据促销第一次到货量，检查陈列后的库存量及预期销售情况，及时下续单。在促销前一天，还需要仔细检查卖场的促销标识、海报信息，确保促销工作高效运营。

第十二步，库存掌控。

促销开始后，商品采购、营运门店时时跟进销售情况，确保在此过程中促销商品不断货、不压货。

第十三步，结束促销并办理退货。

几乎所有的促销商品进价的生效日期都要比促销售价的生效日期要长，这样可以确保促销商品提前订货，做好促销陈列、布置，还能保证在促销结束后，对于库存量大的促销商品进行及时的退货处理。

第十四步，促销评估会。

最后一个促销商品的流程是促销评估会。很明显这一步是针对此次促销活动的一个复盘和总结，找出存在的问题，并且警示今后促销流程要加以改进。

通过增加了 8 步必需的环节之后，超市的促销方案流程更加专业具体，而且责任到人，也更能保障促销方案的按时进行和高效运作。

对问题过多的流程重新洗牌

当一个企业要进行流程优化时，首先应该保证各部门、员工的工作任务是可行的，再根据这一点进行逐步的优化，并实现企业的流程完善。

通常情况下，当企业的流程没有大问题时，企业管理者可采取简化、合并的方式对流程进行优化。然而，当企业的流程存在批量的问题时，需要怎么办呢？这时候我们需要对流程进行再造，也就是大洗牌，即推倒重来。简单来说，进行流程洗牌之前先要诊断一下企业的流程问题，如果符合下列 3 个条件，就需要推倒重来（见图 9-2）。

流程洗牌是一个较大的工程，通常分为三个部分（见图 9-3）：思想重构、流程洗牌和组织重构。

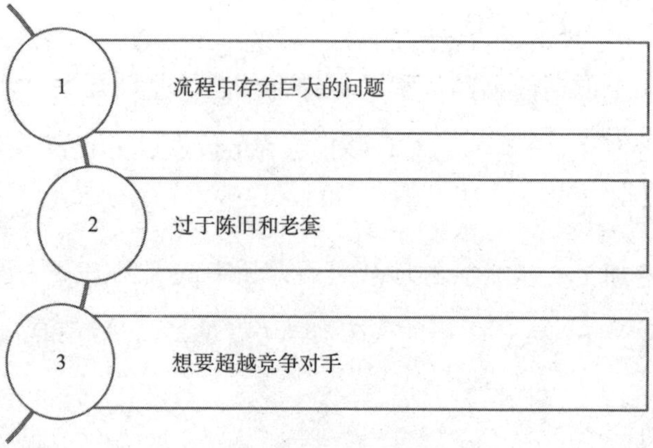

图9–2　企业流程洗牌的3个条件

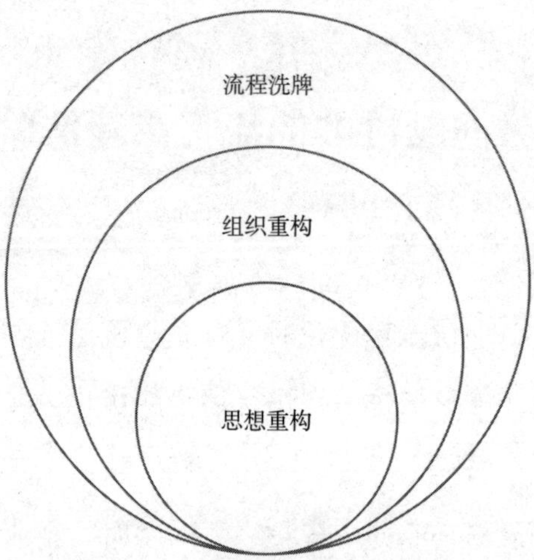

图9–3　流程洗牌的3个部分

其中，流程洗牌是核心，另外两个层次起到支持作用。企业在流程洗牌过程中必须遵守一定的洗牌原则和方法，只有这样才能让流程洗牌之后更加科学合理。

在这里我们要先了解流程洗牌的几种方式：根本性的思考、推翻现有流程、根据目标对现有流程进行整体上的重新设计、对现有流程某些阶段进行修补和改善。

进行流程洗牌时需要坚持5个原则：

原则一——循序渐进：再大的问题也需要一步步地排列和分析，所以，一定要遵循循序渐进原则。

原则二——全员参与：在进行流程洗牌时，要注意这不是一个人或者一个部门的事情，需要执行流程的所有人参与，并且要将决定权交给执行流程的员工。

原则三——同步原则：在流程大洗牌时，需要保证流程之间信息交流和反馈的畅通，所以，为了能够及时沟通信息，需要坚持同步原则。

原则四——多样化原则：在流程洗牌时，一定要避免单一的流程，要让流程的形式尽可能多样化。

原则五——合作原则：在进行流程洗牌时，一定要注重部门与部门之间的协作。流程本身就是不同部门之间的协作和合作，因此在这个过程中一定要考虑多个部门的实际情况。

流程洗牌和重构要坚持上述5个原则，当然，必要的时候还需要借助互联网数据的支持来对流程进行科学的重构。

在进行流程洗牌的时候，管理者还应该设立一个目标基准，多多借鉴其他公司的流程优化，努力突破自我。在这里推荐一个方法，即测定基准法。在流程洗牌时，选出一个比较出色的同类公司作为测定基准点，以此为标杆。具体方法如下：

（1）选择测定基准点的企业。企业做此决定的目的是找出对方企业的先进流程。因此，在选择企业时，不能拘于一格，可以是同类公司，也可以不是同类公司。当然，这也不是意味着任何企业都可以作为流程的测定基准点，企业在做出选择时，要坚持一个法则，那就是选择的对象务必是行业内的顶级标准，如苹果公司、谷歌、沃尔玛等。

（2）找到基准点公司在流程上获得成功的原因。找到这个基准点公司之后，就需要对其进行分析和研究，弄清楚该企业为什么会有如此流程，其原因是什么。当然，这需要我们做出大量的调查和研究分析，包括数据对比、案例分析等。

（3）发现自己与对方的差距。这是为了帮助我们更好地明确自己的目标。

此外，需要注意的是，在使用这种方法时，我们需要加入创意思考，不能照抄和模仿。因为每个企业的情况和属性都不同，我们需要结合自身企业的实际情况加以糅合和创意，最终拿出一个全新的科学的流程优化方案。

保证资源适用的有效性

一家名为香满园的饭店，服务员经常被顾客投诉。因为有时服务员的工作量很大，这边客户有问题，那边客户也有问题，时间久了服务员的热情就降下来了。但是问题也来了，顾客觉得服务员的态度差，就给出差评，进行投诉和反馈。

实际上，这不仅说明服务人员的工作繁杂，还说明该企业的服务流程不规范，存在严重问题。为了改变这种现状，该饭店进行了具体的流程改造：按照服务人员的服务标准来进行流程资格认定。

认定级别分为优秀、一级、二级、三级和四级。优秀，主要是指服务态度和质量都能得到顾客的一致好评；一级，是可以满足顾客的基本需求；二级，是基本满足要求，但是服务水平还不够娴熟；三级，是具备了一定的业务能力，但是对客户并不热情；四级，是无法按照饭店的要求服务，无法满足顾客的需求。

在这种流程资格认定下，该饭店对服务人员进行了表彰和奖励。经过一段时间的改善之后，该饭店被顾客的投诉越来越少，好评越来越多。

从这个案例中，可以很明显地看出流程优化为企业带来的好处，特别是流程整合。企业制定流程的目的就是实现企业发展的目标。因此，流程不断完善和优化是必须有的环节。如果企业在流程的制定中缺乏整合和管理，那么就会出现很多重复交叉的行为，这样就会浪费资源，导致工作效率大大降低。

总之，一个比较科学的企业管理必须要有完整的流程思路，在流程的设计中，缺少了任何一个整合方案的设计都将使流程存在缺陷。

企业在进行流程优化时，为了保障资源使用的有效性，我们还可以根据流程目标来立足企业的实际情况，然后才去开放灵活的优化方式来科学规划和整合。具体操作如下：

第一，将流程分解为更多小的流程。

企业的流程优化和整合需要企业的精细化管理。任何流程的优化如果没有精细化的管理，都是纸上谈兵。通常情况下，企业的精细化管理可以把问题更精准地分析出来。比如，用数据的方式来展现问题的所在，为流程的优化和整合提供有力的证明和数据。

流程优化整合并非一件一蹴而就的事情，必须对流程进行分解。在实际操作中，管理者可以要求部门下属领导提出各自的优化方案，以方便提取重要环节。将流程分解为更小的流程，这样也可以针对问题各个击破，逐步实现优化方案。

第二，抓住重点进行优化整合。

对于一个企业来说，需要优化的流程通常有很多。由于管理者自身能力以及流程业务的局限性，管理者在进行流程优化时，并不能详细到位。在流程优化时，最好的方法就是首先对企业的业务流程进行分类和认定，从中选择重点或者急需解决的领域加以整合。

对于那些看上去并没有那么重要或者不紧急的流程，我们需要根据具体情况安排流程优化的进程。

第三，资源要跟着流程走。

在一个企业的流程管理中，不能把资源固定在特定的部门或者流程中，而要做到确保资源可以跟着企业的整体和客观的流程走向。

比较保守的企业管理往往非常注重内部效率的优化，企业的各个部门总是会把精力放在自己的工作上，各种流程也总是关乎自己的技术支持和生产环节等。这种管理方式很可能会造成拥有更多资源的部门更容易达到业绩目标，而那些没有资源分配或者少资源的部门就很难按照流程完成业绩目标。如此也就更容易形成部门之间争夺资源的现象，企业内部发展不平衡。这样的管理方式自然比较落伍。

企业资源的使用权需要跟随流程走，这样就能改变传统守旧的企业管理模式，变成以流程为单位的模式。换句话说，流程管理要求所有一切都要跟随流程，将各种分离的资源归入流程目标来规划整合，还需要根据企业流程的目标来进行轻重缓急的资源调度，最大限度地促进资源的高效联动，让管理和流程更加科学合理。

很多公司为不同部门提供摄影棚和摄像设备也是科学的做法。为了让这个公用资源的使用更加科学化和公开化，某公司对此进行了公共资源使用的流程优化，最大化地保证了资源的有效性。这家公司的流程是这样的（见图 9-4）。

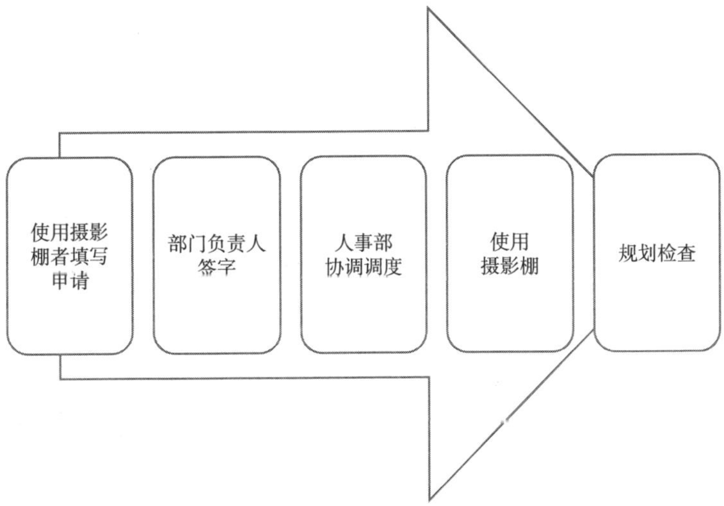

图9-4 某公司使用摄影棚资源的流程

这里有 4 个细节：

第一，使用摄影棚的人需要填写《摄影棚使用申请表》，交给部门主管批准和签字，然后交给行政部的管理人员。

第二，符合使用摄影棚范围的，行政部门按照紧急程度来安排，情况特殊或者十分紧急的可先使用摄影棚，后补办手续。

第三，摄影棚审批之后，使用者必须严格按照使用安全手册来使用，保证设备的完好，并且填写“摄影棚设备使用登记表”。

第四，使用者交还钥匙时，需要人事部行政人员验收并确认签字，方可办理手续。

这样的细节优化很好地体现了资源使用权跟随流程走的思路。在整个流程中，摄影棚的使用权既不属于人事行政部门，也不属于使用部门或者任何部门，资源的调度始终都是以流程为依据的。这样的模式更符合企业的实际情况，也能在最大程度上促进企业的管理效率。

第十章 工具赋能：搭建流程优化捷径

管理离不开工具加持，对应的有效工具可以让管理事半功倍。流程的实施主体是具体责任人，但能让流程更具价值表现的却是工具的合理运用。每一项工具的被认可都需要学术研究和实际经营的双重作用，再经过与时代的不断契合，这将给流程搭建更为优质的行动路径。

表单是流程执行的载体

很多公司将流程的关注重点放在设计和审批环节，以达到控制成本和风险的目的。造成的结果是流程表单也多聚焦于审批层级和审批环节，却忽略了业务基本信息、业务管控信息的呈现。这种情况反映了人们对流程表单的认知，认为表单只是流程执行的一个步骤，必须有而已，甚至一些流程表沦落为审批人员的签字表。

对流程表单的简单认知都是错误的，流程表单的真正作用应该是流程执行的载体，是高质量信息化的基础，是业务操作的平台，是工作经验和知识的“蓄水池”。

一份好的流程表单应该符合哪些要求呢？

第一，流程表单要可落地。

将落地放在第一位，是因为无论表单设计如何改进，都必须能够落地执行，否则就是空中楼阁，不具备实际意义。能不能执行与能不能切实落地执行是两个概念，前者在不具备落地条件的前提下强行执行，后者是符合实际情况的真正落地执行。

漫布营销公司制定的营销人员拜访流程标准化设计，版本 1.0 设计时考虑得非常全面，每次拜访需要分 10 大类进行记录，每个大类又按照结构化数据分析填写信息，最终需要填写超过 70 个信息。

具体实施后才发现，要求所有销售人员每日拜访完客户都要填写包含 70 多个信息的表单，简直如同噩梦。每天每名销售人员填表的时间平均为两小时，不仅严重影响工作进度，还影响员工心情。后经与营销团队负责人与代表充分沟通后，版本 2.0 只保留了 10 个大类，具体细分小类被删除。销售人员能基于 10 个方面去拜访、思考和总结，已经是巨大进步了。至于未来要加入哪些细分小类，可以结合具体工作情况逐步设计，即便是暂时的 10 大类也会在将来的具体工作中进行调整。

第二，流程表单必须要素齐全。

流程表单不能“大而全”，但要将必需的要素全部包含进去。通常情况下，流程表单必须包括的要素有：表单名称、版本号、表头信息、具体内容信息、签批意见、填表说明（具体以企业实际情况为准）等。其中填表说明又包括：名词解释、流程简要说明、授权说明、特殊情况说明、各重要信息填写指引、相关标准说明（具体以企业实际情况为准）等。

流程表单的体现需要消除一个常见误区，即设计隐藏式关联附件。一些流程表单在审批时会关联到其他文件，这是不可避免的，诸如订单审批流程、技术协议等附件。设计关联文件会让表单呈现的信息更为明确，毕竟反映过多信息的表单会给人混乱感。但并非关联文件越多越好，很多企业的流程表单只剩下签批信息，具体要素都被折入关联文件中，审批人需要自行打开附件查找与自己相关的信息进行审批，这种做法是不可取的。流程表单应尽可能将业务的核心信息体现出来，各专业负责人会根据核心信息做出初步判断，然后再调取相关附件进行审批，能够极大减少审批用时和因信息不明确造成的其他状况。

第三，流程表单要层次性展示。

流程表单根据实际需要将核心要素展示齐全，但不是平面化展示，而要有层次地展示，让表单看起来更简明易用。

设计表单时可以根据多个维度对信息进行层次设计，如信息属性、必填信息\可选信息、不同填写部门关注信息、一般信息\特殊信息、不同业务类型信息等。

一般区分层次的方法有：通过边框的形状、通过色块的颜色、通过字体属性（粗体、颜色、大小、下画线、斜体、字符边框等）。

第四，流程表单要集成设计。

流程表单通常不只是一张单独的表单，而是能够反映流程各部门执行准备与执行状况的一组表单。因此，流程表单之间通常具有逻辑关系，可供设计人员实现信息的集成。

例如，某公司的计划管理体系设计的流程表单组包括：年度经营计划表、出货预算表、资金预算表、人力预算表、季度计划表、月度计划表、各事业部计划表等。

流程表单是企业内部多个部门共同使用，因此需要各部门站在整体角度去设计，确保信息录入的正确性，确保信息框架的一致性，便于后期信息的处理、分析与调用。

戴明环——进行流程自动检查

流程执行者在执行任务时，通常会优先考虑流程中被特别制定的部分或涉及考核的部分，而不会从流程的全局或流程的整体利益考虑。这会导致流程各处的执行松紧度不一，流程的整体运转率下降，严重的还会导致执行错误，因此流程检查是很有必要的。

第七章中已经阐述过对流程执行的检查，但那是外界干预对流程进行整体检查。如果能让流程执行者在执行过程中进行自检，无疑将极大提升流程执行的效率，也将助力未来流程的整体检查。

自检的目的有二：一是检查出执行过程中因个人原因造成的错误，二是检查出流程设计本身隐藏的不足。

一项好的流程质量管理工具是“PDCA 循环”——戴明环。工具的名称中有“循环”，说明这是一项反复检查的工具，因此更加适用于反复运转的流程中。

因为流程反复不断地进行，检查也应反复不断进行，毕竟问题不能一次性都被检查出来，而且流程每次运行还会因为各种内外部因素而引发新的问题，因而检查需要持续进行。虽然自检也不能保证执行的万无一失，但可以尽量接近无差错。

“PDCA 循环”由美国管理专家爱德华兹·戴明博士首先提出，所以又称“戴明环”。PDCA 是单词 Plan（计划）、Do（执行）、Check（检查）和 Act（处理）的首字母组合。含义是将流程质量管理分为 P、D、C、A 四个阶段，并且将各项检查工作按照“作出检查计划→实施检查计划→检查实施效果→处理具体错误”的顺序进行。检查完成一次后，又回到第一步再次开启循环进行检查（见图 10-1）。

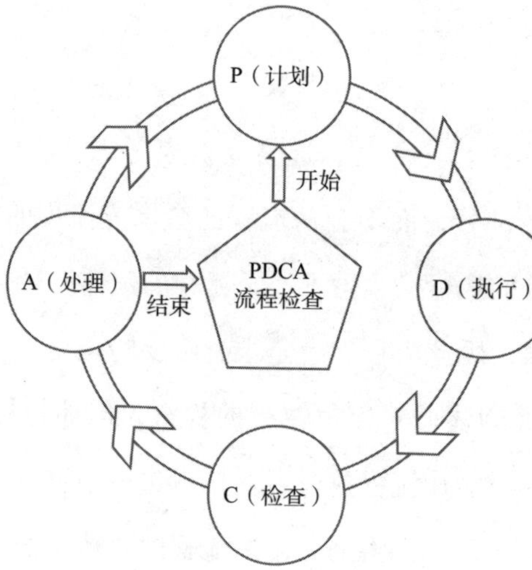

图10-1　PDCA循环

如图 10-1 所示：

P（计划）——对当前正在执行的流程制订检查计划，包括流程目标的确定、流程规划的制订等。

D（执行）——根据已知信息和已有资源检查具体实施的流程布局，再根据流程布局检查具体运作的过程。

C（检查）——总结流程检查的效果，分辨检查结论中哪些是正确的可继续执行，哪些出现了不足需要改进，并且找到引发问题的关键因素。

A（处理）——对检查后总结的结果进行处理，对正确的执行经验加以肯定，并予以标准化；对不正确的执行进行纠错，并制订改正方法。

至此，一次 PDCA 循环执行完毕，对流程的查验也进行完毕，找出了一些问题。但一定还会有未发现的问题，更重要的是流程在执行过程中会因为不断变化的内外部因素而形成新的问题，因此查验循环需要周而复始地反复进行。一次循环完了，发现并纠正了一些问题，随即开启下一次循环，继续查找问题。

PDCA 循环是一个前环连后环，大环套小环，不断循环，不断提升的流程查验方法。因此，我们总结出了该循环的两种常用检查模式，一种是螺旋上升检查，另一种是嵌套模式检查。

先看看螺旋上升检查——不断循环、不断前进、不断提高。

如同爬楼梯，循环运转完成一次，对流程的查验就完成一次，流程的执行质量就提高一些。然后再进行下一次循环，再运转、再查验、再改进、再提高（见图 10–2）。每一次循环查验的内容与上一次循环查验的内容是相同的，但采用的具体方法或具体查验执行人可以不同，以便能从不同角度对流程进行检查，发现更隐蔽的不足。

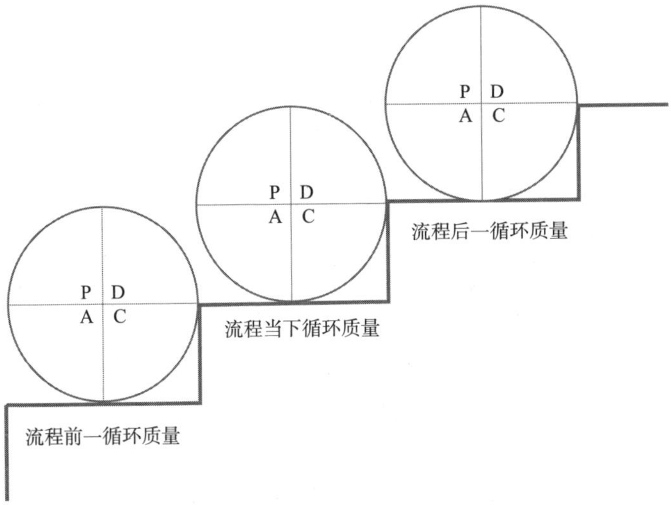

图10–2 PDCA循环的螺旋上升检查

如图 10–2 所示，PDCA 循环呈阶梯上升，每循环一次就会发现一些流程设计或执行中的问题，在问题得到改进后，流程的质量就会提高一些。

有一点必须注意，流程查验的次数可以不限，对流程执行的质量可以追求越来越好，但不能追求完美，因为几乎没有能达到完美的流程，流程的质量只有在不断检查、不断改进中得到保证。

再看看嵌套模式检查——大环套小环、小环保大环，推动大循环。

PDCA 循环作为流程查验方法，不仅要适应单体流程（一个流程）的查验，还要适应多体流程（多个流程）的查验。通常情况下公司的流程设计都是多体的，有总公司级别、部门级别，也有小组级别和岗位级别。有时是某一个流程独自运转，有时是多个流程组合运转。当多个流程组合运转时，涉及的资源调动和执行人数很多，对流程的查验就更为重要，需确保每一个流程都能得到优质执行，才能实现整体流程的全部实现。

此时就需要多体流程查验，即对所有被执行的流程进行查验，此时 PDCA 循环将化身嵌套模式（见图 10–3）。

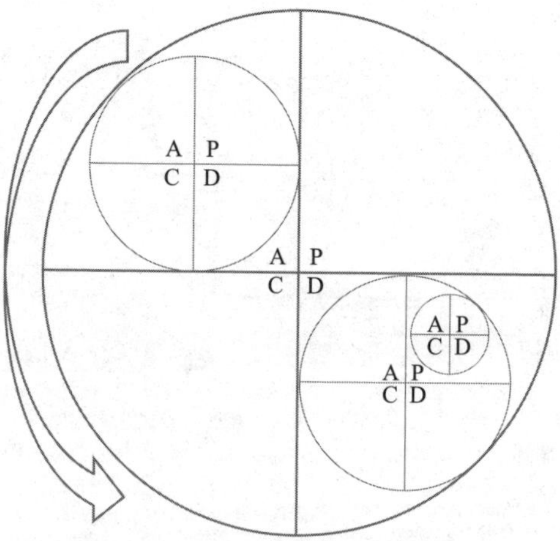

图10–3　PDCA循环的嵌套模式

如图 10-3 所示，大循环负责查验大级别流程，中循环负责查验中级别流程，小循环负责查验小级别流程。这种嵌套查验模式与流程的嵌套模式相符，因为在流程级别中也是大级别嵌套小级别。

ESEIA五步法——提升流程处理速度和质量

ESEIA 是优化业务流程的增值方法，是对 ESIA（目标业务流程设计的基本方法）的一种补充，其目的在于既减去流程中非增值的部分，也在流程中增加增值的部分，使流程优化取得更好的效果。

常规的 ESIA 是由 Eliminate、Simplify、Integrate 和 Automate 4 个部分组成，分别代表“清除”“简化”“整合”“自动化”。

1. E（清除）

主要指清除企业现有流程内的非增值活动。流程内的非增值活动，一些是必须存在的，一些是多余的，清除的对象就是多余存在的非增值活动。

在流程设计阶段就要对流程的每个环节进行思考，如“这个环节为什么要存在”“这个流程所产出的结果是完成整个流程的必要条件吗”“这个环节的存在直接或间接产生了怎样的结果”“保留这个环节会帮助流程解决哪类 / 哪个问题点”“清除这个环节会不会影响整个流程的运行”……

通过一系列思考后，能够更加清晰地判断出某个环节是否为多余的非增值环节。再判断如果清除该环节不会给流程带来负面影响，则可以彻底清除该环节；如清楚该环节能够给流程带来一定的负面影响但不会影响到整个流程的正常运行，则可以最小化该环节。

非增值活动通常包括过量产出、反复加工、反复检验、活动重复、活动重组、活动间等待、无巨细上报、不必要运输、多余库存等。

（1）过量产出。超过生产或服务需要的产出，不仅占用了流程的有限资源，还将增加库存数量和执行问题。

（2）反复加工。企业流程在实际操作中出现产品或文件被多次处理的情况，通常因为产品设计不佳或流程不够完善。

（3）反复检验。有些检验、监视、控制是官僚作风和形式主义的体现，成为设置管理层次 / 职位的理由，已经不具有实际意义。

（4）活动重复。流程中的相似活动在处理上有部分不同时，为了适应流程各环节的某些特定要求而采取的不同执行方式，很容易造成资源浪费。

（5）活动间等待。流程内任何时刻由于某种原因导致的对人或物的等待，将造成待处理文件、物品、问题、库存的增加，通行时间加长，追踪与检测变得复杂。

（6）无巨细上报。企业内部没有形成检验、审核、执行的授权机制，造成审核的形式化，上层领导工作繁重且效率低下。

（7）不必要运输。任何人员、物料、物品、文件移动都要花费时间，若没有精确设计，必将造成员工时间的浪费。

（8）多余库存。如果物品的生产与运输结构不够合理，将造成库存压力。不只是物品的库存，还包括物流运营过程中大量的文件和信息的堆积。

2. S（简化）

在尽可能清除非必要的多余环节后，对必要的增值活动进行简化。一般来说可以从以下 3 个方面入手。

（1）表格。有的流程有很多表格，其中一部分根本没有实际作用，也有一部分表格在设计之时就有许多重复内容。重新设计表格或介入 IT 技术能够精简表格，减少工作量。

（2）程序。因为流程执行者的信息处理能力各异（通常是有限的），因而一个完整程序在执行时通常被人为地割裂成多个环节，增加流程执行的时间和难度。通过介入 IT 程序，加强信息处理能力，可整合流程的工作内容，简化流程的执行难度。

（3）物流。物流的设计并不困难，多数流程都能做到清晰顺畅，但随着生产与运输条件的变化而经常进行琐碎的改变，积少成多就会导致物流流程低效。所以对物流的调整不能积压，有时候增加、减少或调整一条任务顺序就能简化物流。

3. I（整合）

对简化后的环节进行整合，使流程连贯并满足客户需要。在整合过程中要充分考虑通过并行工程来缩短流程运行时间。

整合的方向包括活动、团队、用户、供应商。

（1）活动。授权一个人或若干人完成一系列活动，可以减少活动交接的发错率和缩短工作处理时间，实现流程与流程间的“单点接触”。

（2）团队。合并企业中的各项专业人士组成“个案团队”或“负责团队”，可以使产品、物料、文件、信息“旅行”距离缩短，改善同一流程中各执行部门与执行人之间的沟通。

（3）用户。与用户建立完全合作关系，整合用户和企业的关系，将企业的服务交送于用户。

（4）供应商。消除企业与上游供应商之间的不必要手续，建立以信任为基础的合作伙伴关系。

4. A（自动化）

流程自动化不是简单地“充分利用信息技术自动化功能”就可以，事实上过多地使用计算机反而会使流程更加复杂，因而要在对流程的清除、简化和整合的基础上应用自动化，同时清除、简化和整合任务也要依靠自动化来完成。

自动化通常用在数据的采集与传输上，可以减少反复的数据采集，并降低单次采集的时间。还可以运用在数据分析上，通过适用的分析软件对数据进行收集、整理与分析，加强对信息的管理与利用率。

以上是对 ESIA 的解释，但在“清除”“简化”做减法的同时，也需要相应做“加法”，即进行必要的填补（Establish），然后进行“整合”与“自动化”。

那么应该增加哪些方面的增值活动呢？也就是说 ESEIA 中第二个“E”应该包含哪些方面呢？

5. E（填补）

根据用户 / 管理需要增加创造价值的活动。主要包括知识的积累、知识的复用、评估和总结。

（1）知识的积累。在流程管理活动中会有一些产出被作为知识进行存储归档，这样做有利于知识的复用。

（2）知识的复用。更多注意有哪些资源和知识库存可以帮助员工增强日常工作的知识宽度，如客服人员在解答客户问题时可增加一个对已有知识库的答案进行扩充的更好的方案，以提高未来的工作效率。

（3）评估和总结。在流程执行的非常关键之处、里程碑节点之处或者流程执行完毕，增加评估纵向环节，可以汇聚执行部门或执行人将执行中的知识、经验、教训进行总结并记录固化下来，有需要之处可进行 BPM（业务流程管理）。

BMK战略竞标——向业内标杆看齐

BMK（Benchmarking）的含义是“标杆分析法”，也称“基准化分析法”。将本企业经营的各方面状况、环节与直接竞争对手或行业内外一流的企业进行对照分析，是一种评价自身企业和研究其他企业的方法，是将外部企业的持久业绩作为自身企业的发展目标的方法，也是将外界的最佳做法移植到本企业经营环节中的方法。通过不断对竞争对手或一流企业的产品、服务、经营业绩等进行评估比较来发现自身的优势与不足，并最终能通过提出新的行动方法将企业的不足加以弥补。

之所以要运用 BMK，美国经济学教授菲利普·科特勒解释说：“一个普通公司和世界级公司相比，在质量、速度和成本绩效上的差距高达 10 倍之多。benchmarking 是寻找在公司执行任务时如何比其他公司更出色的一门艺术。”总的来说，BMK 就是对企业所有能衡量的东西给出一个参考值，更着重于流程的研究分析。

企业实施 BMK 的主要作用是发现本企业的不足，以便参照竞争对手、行业内外一流企业对本企业的内部经营进行改进，从而将市场、竞争力和目标的设定结合在一起。

（1）与竞争对手进行 BMK，有助于确定竞争对手经营战略的组成要素。

（2）与行业内一流企业进行 BMK，能从行业最佳企业获得有价值的情报。

（3）作跨行业的技术性 BMK，有助于技术和工艺方面的跨行业渗透。

（4）与行业外一流企业进行 BMK，可进一步确定本企业的竞争力、竞争情报、竞争决策及其相互关系，作为进行研究对比的三大基点。

由上述分析可知，在关于 BMK 的分类方面，可以从企业运作的不同层面考虑，也可以从企业外部的不同参照考虑。前者分为战略层 BMK、操作层 BMK 和管理层 BMK，后者分为对竞争对手 BMK 和瞄准一流企业 BMK。

根据以上阐述，对 BMK 的类型也应该有了一定认知，通常依据所选择的标杆对象的不同，分为以下 3 种类型。

第一类是内部流程标杆分析：指企业内部的不同部门、分支机构、关键岗位的相同作业流程的相互评量比较。某图书馆将总馆与各分馆间参考服务的作业流程进行比较，寻找出全馆内最佳参考服务典范与解决参考服务过程中所共同遭遇的问题。

优点是所需信息易于取得，评量比较快速获得，促进各部门间沟通。缺点是视野狭隘，学习对象局限在企业内部，因而很难为企业带来创新性突破。

第二类是外部竞争性流程标杆分析：以本企业的同业竞争者的产品、服务、作业流程作为评量比较的标杆，找出自身的优势或弱点。某图书馆以同性质、声誉卓著的另一图书馆为标杆，比较彼此图书采购流程的差异，进而采纳仿效对方的优点，就是外部竞争性流程标杆分析。

优点是所获取的信息极具竞争价值，因为与竞争对手同业，如果需要将对手的流程转换到本企业时较为容易。缺点是因为受同业竞争所阻，相关信息搜集困难。

第三类是功能性流程标杆分析：分析的对象不限同业，而是选择某一特定功能或作业流程（在该领域内成绩卓越）进行标杆分析。某图书馆在人力资源管理方面较弱，便向以人力资源管理享有盛名的行业外企业取经，就是一种功能性流程标杆分析。

优点是容易寻找到真正的最佳作业典范，引导突破性思维，有助于企业提出开拓性创新服务与作业流程，使企业内原有的运作方式发生重大转变。缺点是资料搜集上会受限于行业跨度大或距离遥远（很可能在不同国家），必须投入较多的资源来进行初级资料的搜集或加入付费的企管顾问数据库，否则就只能透过次级资料来分析。

BMK 标杆分析法虽然对于企业在流程实施方面的改进有很大助益，但也不能随便运用，要在必要情况下实施（见图 10-4）。

BMK 的执行步骤包括：确定内容、选择标杆、收集分析数据、确定实现方案、实施计划和跟踪结果。

第一步：确定内容。确定要在企业哪些方面进行标杆分析——确定要进行 BMK 的具体项目。

第二步：选择标杆——比较对象。通常同业竞争对手和行业领先企业是首选标杆对象，一些企业内部的最佳经营实践、统计数据、经验参数也可作为标杆对象。

第三步：收集分析数据。包括本企业的情况和标杆企业的情况。分析数据必须建立在充分了解本企业实际情况以及标杆企业经营状态的基础之上，搜集的数据必须主要针对企业的经营过程而非经营结果。

第四步：确定实现方案。找到与标杆的差距后，需要确定缩短差距的具体领域与流程项目，企业制定相关的行动目标和应采取的行动措施，进一步融合到企业的经营计划中。

第五步：实施计划并跟踪结果。根据标杆分析确定的实现方案，完成 ERP 实施或评估工作。

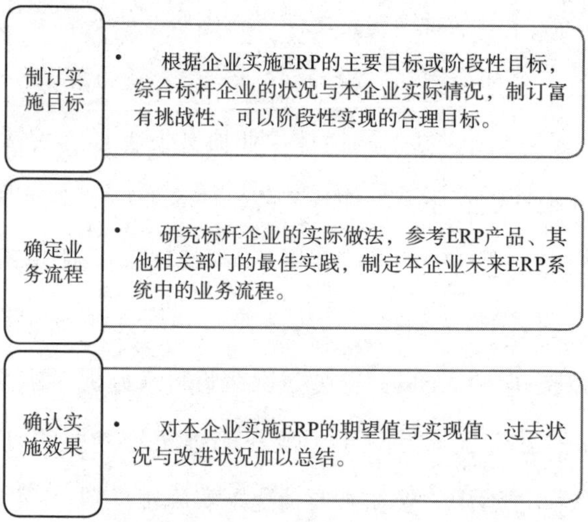

图10–4　BMK标杆分析法的使用时机

DMAIC模型——流程改善工具与业绩突破方法

DMAIC模型是6SIGMA管理中流程改善的重要工具。DMAIC是由界定（Define）、测量（Measure）、分析（Analyze）、改进（Improve）、控制（Control）5个阶段构成的过程改进方法，一般用于对现有流程的改进，包括制造过程、服务过程、工作过程等。

D（界定）：界定核心流程和关键用户，站在用户立场并找出对用户最重要的事项。

M（测量）：找出关键评量，为流程中的瑕疵建立衡量基本步骤。

A（分析）：运用统计分析，找出瑕疵发生的重要根源，探究误差发生的根本原因。

I（改进）：找出提升关键指标和质量特性的最佳解决方案，然后拟订行动计划确实执行。

C（控制）：不断测量，确保所做的改善能够持续下去，避免错误再度发生。

DMAIC的工作过程可以分为提出问题、分析问题和解决问题三大块；也可以分为计划、执行检查、测试三大块；在风控方面可分为风险识别、风险评估、风险控制、风险回顾四大块（见图10-5）。

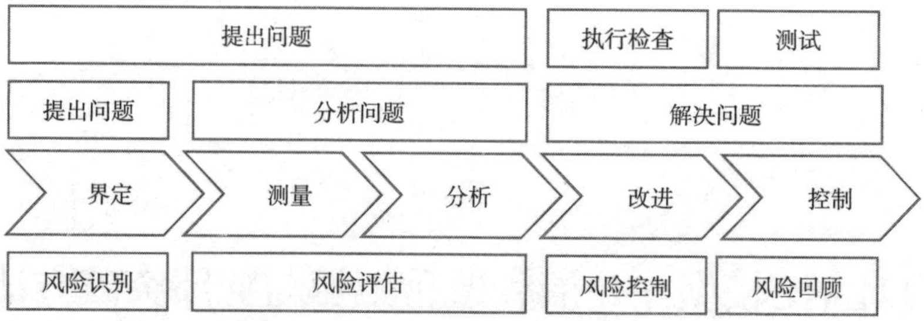

图10–5　DMAIC工作过程

DMAIC 的具体运用方面，我们以人力资源的培训与开发流程为例进行详细解释。千禧年之后，市场经济逐步迈入新经济时代，市场环境越发复杂多变，传统的企业管理与经营遭到破坏性创新突破，企业员工的知识、技能、素质等方面不断遭受冲击。许多企业的人力资源培训与开发因为难以抵挡这种冲击而走向衰退，企业失去“造血功能”，逐渐人才断档，将严重影响企业发展。为了能让企业保持新鲜活力，虽然培训与开发是人力资源的重点、难点，企业必须找到好的措施对此进行维护，在此我们推荐 DMAIC 模型。

根据 DMAIC 模型及其原理，人力资源培训与开发管理应采取以下步骤：

步骤一：界定阶段（D 阶段）。识别并确定员工的知识、技能和素质等方面的关键需求，将改进的培训项目和培训管理流程界定在合理范围内。主要方法有：胜任力模型、行为事件访谈（BEIs）、专家小组法、问卷调查法、全方位评价法、专家系统数据库和观察法等。运用的工具有帕累托图、趋势图、标杆对比、甘特图等。

步骤二：测量阶段（M 阶段）。通过对现有培训流程的测量，既可以辨别核心流程和辅助流程，也可以识别影响培训流程输出的关键因素，并对测量系统的有效性作出评价。主要方法有：AFP 法、模糊综合评判法、因子筛选试验、矩阵数据分析图等。运用的工具有MSA（测量系统分析）、CE 矩阵、直方图、FMEA（失效模式与影响分析）等。

步骤三：分析阶段（A 阶段）。通过数据分析确定影响培训流程输出的关键因素，即确定培训过程的关键影响因素。主要方法有：回归分析、因子分析、相关分析、方差分析等。运用的工具有鱼骨图、树状图、统计图形分析等。

步骤四：改进阶段（I 阶段）。寻找优化培训流程并消除或减少关键输入因素影响的方案，使流程的缺陷或变异降低到最小程度。主要方法有：流程再造、假设检验等。运用的工具有 Triz、DOE（试验设计）。

步骤五：控制阶段（C 阶段）。使改进后的流程程序化，并通过有效的监测手段确保流程改进的成果。主要方法有：标准化、程序化、制度化等。运用的工具有控制图、防差错系统等。

ECRS分析法——取消流程中的冗余环节

ECRS 分析法是工业工程学中程序分析的四大原则，用于对生产工序进行优化，以减少不必要的工序，达到更高的生产效率。ECRS 即取消（Eliminate）、合并（Combine）、重排（Rearrange）、简化（Simplify）的缩写形式。

（1）取消（Eliminate）：考虑流程中某项所研究的工作有无取消的可能性。如果所研究的作业、工序、操作可以取消且不影响流程的整体执行质量与进度，便是最有效果的改善。可以通过思考“作业要素能完成什么”“完成的有否价值”“是否是必要的动作或工序”“为什么一定要完成它”等问题，得到“该作业取消对其他作业是否有影响”的答案。

例如，流程中不必要的搬运、检验、等时等都应予以取消，特别是那些工作量大的装配作业，即便不能全部取消，也应考虑部分取消。某公司将自行制造一项不重要产品变为外购，实际上就是一种取消式改善。

（2）合并（Combine）：是将两项或两项以上的工作整合成为一个。因为某些作业、工序、操作虽然不够关键，但又不能取消，还存在一些重复现象，就需考虑与其他相类似的工作合并。这种合并可以是工序的合并、工作的合并、工具的合并等。

注意：合并不仅是同类项之间的聚合，还可以是打散，将原本堆在一处不够明确的、性质相近的工作分散到不同的部门中去，削减执行人员，减少执行程序，让分散后的工作在不同部门中以最快效率发挥作用。某公司原本各部门的工时结算集中在财务部门，每到月底的汇报、修改工作都很混乱，后来变更为各部门自己结算，具体结算方式和人员各部门自定。

（3）重排（Rearrange）：重组也称替换，根据“何人”“何处”“何时”三项提问原则进行重排。通过改变工作程序，使工作的先后顺序重新组合，达到改善工作的目的。对工作顺序进行重新排列，必须保证不影响流程执行完整度或能够提高流程执行效率的情况下。某公司进行生产流程的前后工序对换、手工操作的动作改换为由机器执行、生产现场机器设备的位置、数量的调整等。

排序的关键是所有对象的轻重缓急，重要的优于不重要的，紧急的优于不紧急的。对于不符合这一逻辑的工作进行重新排列。

（4）简化（Simplify）：既指工作内容和执行步骤的简化，也指具体动作的简化和执行工作消耗能量的节省。对已经过取消、合并、重排后的工作，作更深入的分析研究，将现行方法尽可能简化，以最大限度地缩短作业时间，提高工作效率。简化既是工序的改善，也是局部范围的省略，整个范围的省略就是取消。比如安卓手机原本的三建设计和苹果手机的单独 Home 键设计，就是最经典的简化。

ECRS 分析法的目的是寻找工序流程的改善方向，构思新的工作方法，消除执行中的冗余环节，以取代现行的工作方法。运用 ECRS 四原则可以帮助人们找到更好的效能和更佳的工序方法（见图 10 6）。

E（取消）	C（合并）	R（重排）	S（简化）
• 不必要的工序、搬运、检验 • 取消多余的动作 • 减少不规则作业 • 取消人、设备的闲置	• 工序不平衡 • 相同工作在不同部门 • 工具合并，动作合并 • 反合并（打散）	• 工序对换 • 生产设备位置调换 • 生产设备新旧调换	• 减少寻找 • 身体不移动出正常工作区域范围 • 物料利用惯性传递

图10–6　ECRS分析法四原则

SDCA循环——实现流程标准化与稳定性

“SDCA 循环”就是标准化维持，即“标准化（Standard）、执行（DO）、检查（Check）、总结 / 调整（Action）”模式。包括所有和改进过程相关的流程的更新（标准化），并使待改进的流程平衡运行，然后检查运行过程，确保其符合流程目的与执行要求，最后对待改进流程做出合理分析和正确调整。SDCA 循环的目的是实现流程的标准化以及稳定现有的流程模式，使整个过程能够满足用户的愿望和需求。

S 是标准，即企业为提高产品质量编制出的各种质量体系文件；

D 是执行，即准确、高效地执行质量体系文件；

C 是检查，即对照执行效果与质量体系的内容进行各类审核与检查；

A 是总结，即通过对质量体系的评审做出相应处置。

不可否认，不断地进行 SDCA 循环将保证质量体系有效运行，以实现预期的质量目标。PDCA 也是提升流程运行质量的工具，但 PDCA 更强调计划，SDCA 更强调标准。那么 SDCA 的标准化为什么如此重要呢?

标准化是将企业里各种各样的规范，如规程、规定、规则、标准、要领等能够形成文字化的东西统称为标准或标准书。制定标准，而后依标准付诸行动并不断完善的过程，就称为标准化。标准化实施可总结为3个目的：

（1）技术储备——企业或组织的技术、技巧和经验的积累与随人转移。

（2）提高效率——提高流程执行的便利性和兼容性，减少随机变化，降低成本。

（3）防险再发——防止相同的问题再次发生及变异。

因此，标准化对于企业在生产与管理方面有着很明确的指导作用，那些认为编制出标准，即认为已完成标准化的观点是错误的，只有经过指导、训练、实施、改善才算是实施了标准化。如何进行指导、训练、实施、改善呢？就需要相应工具的辅助，SDCA将发挥重要作用。

通过SDCA制定流程标准化，首先保证目标指向，即遵循标准保持生产出相同品质的产品；其次是准确描述，如将“安全安装螺丝”更改为“至少三扣紧死螺丝”；再次将标准量化，标准制定应该多用确定的数字，以保证所有看到标准的人都能以相同的方式解读；复次是尊重现实，标准必须是现实性的、可操作的；最后是随时修订，标准必须是最新的，是当时正确的操作情况的反映。

总之，PDCA与SDCA是企业提升管理水平的双轮。PDCA是企业管理水平不断提升的驱动力，SDCA是防止企业管理水平下滑的制动力。缺乏计划性，企业不可能向更高的高度冲刺；没有标准化，企业不可能维持在较高的管理水平。

当PDCA和SDCA联合使用后威力将倍增。先采用PDCA循环对流程进行查验，找到问题加以改进，然后采用SDCA将改进的成果标准化，使问题不再反弹。当流程稳定在某一水平上一段时间后，再次引入 PDCA 循环和 SDCA 循环对流程进行改进和固化（见图 10–7）。如此循环往复，企业流程的管理水平和绩效水平会稳步提高。

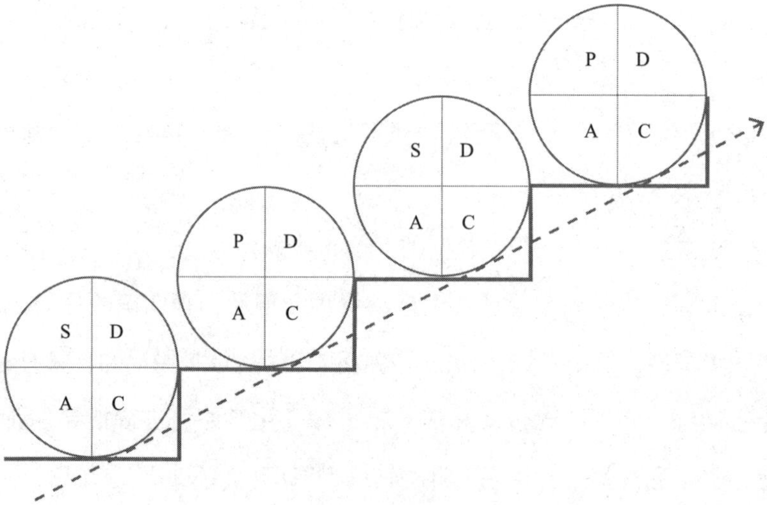

图10–7 PDCA循环与SDCA循环联合使用

柳传志常说：“撒一把土，夯实，然后再撒一把土，再夯实。”对照着来看，撒一把土就是 PDCA 的过程，夯实就是 SDCA 的过程。